一开口
会撩又会聊

玛那熊 —— 著

江西美术出版社
全国百佳出版单位

图书在版编目（CIP）数据

一开口会撩又会聊 / 玛那熊著. -- 南昌：江西美术出版社，2020.12
 ISBN 978-7-5480-7452-6

Ⅰ. ①一… Ⅱ. ①玛… Ⅲ. ①言语交往－通俗读物 Ⅳ. ①C912.13-49

中国版本图书馆CIP数据核字（2020）第040433号

江西省版权局著作权版权登记号：14-2020-0151
版权所有 © 陈家维
本书版权经由如何出版社授权
北京博采雅集文化传媒有限公司出版简体中文版
委任安伯文化事业有限公司代理授权
非经书面同意，不得以任何形式任意重置、转载。

出 品 人：周建森
责任编辑：陈　军
责任印制：谭　勋

一开口会撩又会聊
YI KAIKOU HUILIAO YOU HUILIAO

玛那熊　著

出　　版：	江西美术出版社
地　　址：	江西省南昌市子安路66号
网　　址：	www.jxfinearts.com
电子信箱：	jxms163@163.com
电　　话：	0791-86566274
邮　　编：	330025
经　　销：	全国新华书店
印　　刷：	香河利华文化发展有限公司
版　　次：	2020年12月第1版
印　　次：	2020年12月第1次印刷
开　　本：	880毫米×1230毫米　1/32
印　　张：	8.75
ISBN 978-7-5480-7452-6	
定　　价：	45.00元

本书由江西美术出版社出版。未经出版者书面许可，不得以任何方式抄袭、复制或节录本书的任何部分。
版权所有，侵权必究
本书法律顾问：江西豫章律师事务所　晏辉律师

前言

聊天能力非天生，后天学习逆转胜

男孩坐在咖啡厅靠窗的第二桌，这是店里最好的位子：采光明亮、沙发柔软，与吧台很近，能享受到咖啡香，又不会过于嘈杂。这是他提早两周预定的位子，他也调查了这家店有哪些招牌餐点，以及独特的立体拉花。万事俱备，男孩忐忑地等着女主角的到来，想到等一下就要跟朋友介绍的对象约会，他不自觉绷紧了肩膀。

门开了，一个俏丽的短发女孩走进来，左右张望。他认了出来（庆幸朋友给的不是"照骗"），挥手招呼。

"哈啰，我是 Bella，Jimmy 的大学同学。"女孩亲切地笑着。

"啊，你好，我是……"男孩因为紧张，声音小到即使坐在对面也听不清楚。

"不好意思，你说你叫？"女孩有礼貌地发问。

"哦，我叫阿璋。"男孩介绍了自己的名字，然后就没了下句。

点完餐后的互动，则成为他（或许也包括她）一辈子不愿再想起的回忆：

"你做什么工作？""周末休息吗？""会很忙吗？""租房子还是通勤？""我刚换工作。""我的兴趣是看电影。"

随着不断抛出问题与冷场，男孩注意到对方的笑脸渐渐僵掉，半个小时后，女孩一脸歉意地说家里临时有事得先离开，留下茫然、尴尬的男孩，自责没能把握住机会。

阿璋何许人也？我们身上或多或少都有着阿璋的影子：面对有好感的女生，却不知如何靠近对方；进入了新单位，无法与同事自在互动；参加活动聚会时，很难与人建立关系。心理学大师阿德勒说："**所有的困扰和问题都来自人际。**"当我们不知怎么表达、互动时，与对方之间便有着深不见底的隔阂，也就无法拥有良好的人际关系，更别说一段幸福爱情。

聊天能力并非天生，而是学习取得，正如某首老歌唱道："三分天注定，七分靠打拼。"然而这堂人生必修课却未被纳入学校课程中，多数人只能在彷徨焦虑中尝试，从遗憾叹息中摸索。少了一个阿璋，还有千千万万个阿璋，不断错过机会与缘分，甚至成为边缘人或母胎单身。你努力进修，拥有丰富的知识与素养，却因为不知如何表达，只能看着高手轻松结交朋友，被众人与欢笑声围绕。而你，甘心吗？

自己明明也是个性善良、脑袋聪明的人，虽然不是高富帅、白富美，也有一定的水平，却因为不懂得怎么展现优势，只能不断听说某大神身旁又换了人，遍地桃花。你，甘心吗？

想象一下，如果有一套结构清楚的方法，可以从洗涤盲点、了解互动本质开始，再结合心理学与实战经验，循序渐进地让你学会各种聊天技巧，并告诉你如何做好准备，提高每次约会、互动的胜率，且从内到外增进个人魅力。甚至，这套方法附有大量实例、练习，让你轻松学习、快速提升吸引力，而非纸上谈兵。听起来很不错，对吧？

其实，你不需要想象。这本书就是为了帮你拉近与别人的关系。不管你想交谈的人是男是女，也无论你想聊的是同事、朋友、伴侣或约会对象，我已经帮你准备好所需武器，带你走上这翻转人生的冒险旅程。没有空泛说干话、难懂的理论和哗众取宠的耸动文字，只有实用有效的丰富内容。想要有一段良好的关系，你所缺的只是一个机会！

现在，就让我们出发吧！

目录 Contents

 第一堂 关系，是挫折的开始

1-1 没"关系"，就很有关系！／002

1-2 追求，越追越丑／006

 第二堂 初级班：创造关系，从聊天开始

2-1 聊天就是说故事／020

2-2 怎么聊，才能撩动人心？／029

2-3 建立话题数据库，从此不怕没话聊／035

2-4 让故事更吸引人的必学技巧／048

2-5 Show Time：用你的表达力／057

2-6 聊天，不能只是闲扯淡／069

第三堂 中级班：拉近距离的"说问听"三元素

- 3-1 你在演讲，还是聊天？ / 090
- 3-2 除了故事，你还需要问题 / 096
- 3-3 组合技：不再被冷场的 QSQ 技巧 / 112
- 3-4 问完了，然后呢？ / 131
- 3-5 听完了，接下来？ / 143

第四堂 进阶班：化被动为主动的三个技巧

- 4-1 该继续说下去吗？运用友好指标决定下一步 / 158
- 4-2 关系中的甜点：肯定与赞美 / 166
- 4-3 关系中的热咖啡：安慰技巧 / 175
- 4-4 关系中的"香槟"：幽默回应 / 189

目录 Contents

第五堂 **让关系不再挫折**

5-1 上场聊天去！第一印象很重要 / 210

5-2 准备你的人际履历 / 226

5-3 开展关系的杀手：焦虑 / 235

5-4 人际关系中的角色互动 / 243

5-5 好奇，是所有关系的起点 / 261

结　语 **越聊越动心**

第一堂
关系,
是挫折的开始

1-1 没"关系",就很有关系!

"人们需要关系吗?"

面对这看似深奥的问题,大多数人,包括正在读这本书的你,想必会异口同声回答:"当然需要!"若进一步询问:"为什么我们需要关系呢?"你会怎样回答呢?与别人互动到底有什么意义,值得我们花这么多时间、精力去学习方法、认识对方、经营关系,以及维系感情?

"嗯,因为可以各取所需啊,不然怎么生活?"

"说到底,人际或爱情是建立在某些利益之上。"(接着发表"有钱就有伴""有钱就有车有房"的理论,以下一千字省略……)

"如果问的是爱情,不就是为了繁衍后代?生物本能啊!"

"为了合作吧?!现在媒体跟商业人士都特别爱讲这个。"

在上百种答案中，我不反对合作、利益交换这类从经济角度来看关系的说法。毕竟社会分工精细，套句老话"一日之所需，百工斯为备"，我们需要其他人协助，才能完成各种目标：小至一份餐点，大至一个理想或创意的实践，很难"完全"由个人独自产出。生活或工作中的多数需求，可以通过支付金钱、劳力等方式换取，至于是否等价，要看个人手段。而有些你希望得到的协助，甚至无法靠单纯互换取得，需要本书主题"关系"的介入。我们与人互动、建立情谊，有时候的确是为了得到方便或好处（当然，我们也为对方提供所需）。若生活或工作中缺少了关系，那可就大有关系！你可能找不到帮忙的伙伴，只能单打独斗成为边缘人，搞不好还会被人扯后腿。

除了实质利益（别误会，不只是金钱，亦包括给予建议、提供服务等方式），人们为什么需要关系呢？如果我们物质或生活上走极简风，不需要跟别人交换什么好处，那还需要建立关系吗？

英国心理学家约翰·鲍比（John Bowlby）半个多世纪前，提出了他对关系的看法：人类天生就有与人接近的需求。当我们刚降临这个世界，还是嗷嗷待哺的婴儿时，就已开始运用各种方式吸引他人靠近：哭、笑、轻轻摆动四肢。为什么需要如此？从鲍比的"依恋理论"（Attachment Theory，亦称为"依附理论"。依恋，一般被定义为婴儿和其照顾者——一般为母子之间存在的一种特殊的感情关系。它产生于婴儿与其父母的相互作用过程中,是一种感情上的联结和纽带。)来看,这能有效帮助我们存活下来,毕竟此时婴儿无法靠自身的力量上厕所、进食和调整周围温度(若看到婴儿自己按遥控器,我们估计会吓死)。此外,他们也无法用口语表达需求,无时无刻不依靠别人照顾。因此,吸引别人、建立关系,才能满足婴儿的生理需求,提升存活概率。而且对逐渐成长的婴儿来说,"关系"不只是生理协助,还涉及心理层面的稳定。若依恋对象(通常是主要照顾者,如父母)在婴儿发出"需要帮助"的信号时,能提供舒适环境、给予温暖回应,婴儿将从中得到安全感,并产生越来越多的自信,以及愿意探索世界、接触他人的勇气。

虽然我们长大后可以照顾自己的生活起居,不再需要依靠其他人存活,却仍然会通过关系建立避风港,以此来应对来自疯狂世界的各种挑战。依恋对象也逐渐从父母扩展到其他人际关系(好友、知己、闺密等),以及最具影响力的爱情伴侣。每个人心中都有依恋需求,渴望在自己被风暴袭击时,有人愿意包容、接纳、关心我们的负面情绪。

当自己被讨厌的小人同事利用,主管又不关心时,你是否期待能在下班后找兄弟或闺密好好吃顿晚餐,诉苦一番?

或者当你遭遇失恋,你是否希望身边有个好友充当军师,陪你一起想办法邀约对方，而且在进展不顺时，陪你舒压解怨气？

又或许你希望能有个亦师亦友的伙伴，在面临重要抉择时聆听你的两难、缓和你的焦虑、帮你分析局势。

相信多数人都想拥有这样的关系：当我们因为生活中的各种不顺而低落、烦躁甚至难过时，回头望去发现另一半就在自己身后，轻轻拥抱你疲累的身体，低声安抚你受伤的心灵。于是，你重新有了力量与勇气，能够继续在这复杂且艰辛的世界冒险。这位（或这些）亲近的人，不断帮助你在人生旅程中走得更远。

由此来看，人际关系不单只是物质或利益的交换，爱情关系也并非纯粹为了繁衍而存在。好的关系，是两个人、两颗心之间的联结，透过陪伴与安全感为我们提供养分，让我们得以面对外在世界中的各种风雨挑战。

本书帮助你用自然且有效的方式，建立起这种稳定关系。更精确地说，你将走上一段**"提升自我、增加魅力、自由互动"**的旅程。我们将从根本观念开始，洗去过往让你卡关的迷思。接着从基本功着手，帮你建立属于个人的话题数据库，并使你了解聊天的本质与意义。中级班则让聊天升级成"互动"，拉近双方的距离。当你已经拥有一定程度的聊天能力后，进阶班将会使你的沟通方式进一步提升，让彼此感情加温。最后一堂课则是提醒完成修炼、即将上场实战的你，如何通过一些准备来提高胜算。

1-2 追求，越追越丑

请试想一个情境：进入新单位第一天，隔壁同事负责带你认识环境，你很快就认为对方是你的理想型。这时，你的大脑会出现哪句话？十之八九是"该不该追她""有点想追她怎么办"；或者当你跟好友聊起这位新同事，提到自己对她有好感后，朋友通常会怂恿你："那就去追啊！""不追怎么知道？"

长久以来，我们很习惯用追求获得关系，不论是爱情还是友情。追求的本质，是一种讨好，但其实用这种方法建立关系效率很差，甚至常见反效果。当你抱着追求的心态想拉近距离，会将所有目光投注在对方身上，他的一举一动都会影响你的心情，你也会习惯借由付出来表现。

或许你心思缜密、观察入微，对方没想到的事，你总能先想到；对方想到的，你早就完成。你习惯对朋友、同事或约会对象提供无微不至的照顾，任何事情都亲力亲为帮他完成：规划行程，我来处理；天气转凉，前一天晚上发个信息提醒；需要帮忙，我来搞定。当你几乎有求必应、使命必达，主动将任何事情都做好做满时，的确会得到一些感谢与回馈，让彼此关系看似还不错，这也往往鼓励你更加努力地付出。若双方有来有往、互相协助，倒也未必是坏事，然而，当个"好人"其实隐藏着不少风险。

你是滥好人，还是压力制造者？

在过往咨询、了解的经验中，不少人因为"想赶快建立关系""害怕失去对方"，而在人际互动中缺乏界限。当自身界限模糊时，就容易成为被利用的滥好人，只要对方招呼你一下，即使再忙再累，也要帮他买杯咖啡。为了要讨好对方，我们将工具人的功能发挥到极致：睡眠不足也要帮人送餐点、专车接送；为了帮忙凑单，刻意连续一个月吃商超食品；替对方查资料查到三更半夜（自己写报告都没这么认真）；甚至难得出国玩，还专程为他代买他要的东西，打乱行程让旅伴空等。

我也曾是个工具人，幻想某天对方会看见这些牺牲奉献，深受感动而愿意交往。然而，不论自己还是众多咨询者的经验都纷纷证明一件事：**只靠不断付出并无法得到稳定关系，甚至连吸引对方都很难**。首先，有求必应的滥好人太容易被人掌握："反正说什么他都做。""他一定会答应。"当好心过了头，就不是随和善良，反而是没有个性、缺乏神秘感。前者代表缺乏原则，让人觉得你摇摆不定、毫无主见，不易产生信赖感和依靠；后者则阻断别人对你产生好奇，降低进一步靠近的动力。

当你把焦点全部放在对方身上，就容易忽略自己的需求。例如，拖延原本的计划，或没有考虑本身状况而影响到自己的生活。若将时间精力放在永无止境地讨好别人中，又怎能提升自我、增进个人魅力呢？还可能让生活、人际圈越来越封闭，眼界也更加狭窄且缺乏聊天话题。这些都是滥好人不易建立关系、获得爱情的原因。

更别说某些个性急躁的滥好人，刚认识对方就紧迫地盯着人嘘寒问暖、过于积极付出，反而成为破坏关系的压力制造者。除非是想刻意利用你的心机鬼，否则在强调礼尚往来的文化中，单方面一下做太多，有时会让人有负担，不知该如何回应。就如同经验不足的菜鸟业务员，没有先了解客户需求与现况，初次见面就一股脑儿把所有东西都塞过来，急着帮你规划方案。这种被强迫推销的感觉，只会让人想找借口逃避。

压力制造者在付出的同时，有意无意传递了"我这么做，你要有所回报"的信息，让对方陷入尴尬处境。这里的回报未必是金钱利益，而是如"你要陪我聊天""你要关心我""你必须答应我的邀约"，甚至"你也应该对我有好感""你要同样对我好""你要同意与我交往"等。与对方互动时，若不自觉在行动中隐藏诸多需求，即使没有明说，也会让人感觉到你在强烈地索取回馈，给双方造成巨大压力。

无欲无求不如合理期待

抱着过多期待而对人付出，是关系中的头号杀手。一句"没关系，是我自愿帮忙的"通常很难说服对方，反而会让对方觉得"接受了好像就欠他什么似的，但不接受又不好意思"。这种感觉会让你进退两难，更加关注别人的风吹草动，时刻留意对方在得到你的帮助或者关心后，"有没有变得更熟悉""关系是否变得更近"。不管对方的回应是你所期待的，还是并不如你预期的，都会让你担心失去对方而变得更急躁，然后付出的更多，形成恶性循环。

因此，网络上开始有人提倡，不要抱着期待与别人互动，才能拉近关系，也就是"无欲则刚"的观念。但若望文生义，很可能陷入一种"无欲无求、一切随缘"的"佛系"极端，反而错过大好机会。毕竟，人的行为必然有其内在的动力，若完全没有期待或欲望，那根本不需要与人互动啊。刻意强调无欲无求，只是自我欺骗及刻意掩饰罢了（更直白的说法就是"讲干话"）。从心理层面来看，当你选择与某人接触时，就已经抱着一些欲求了。因此，与其好高骛远、违反人性地"无所期待"，不如设定"合理期待"。

合理期待有两个特质：**循序渐进，弹性调整**。当我们刚和新朋友接触时，若以"要让对方喜欢我""希望他觉得我很棒"甚至"想要交往"为目的去接触朋友，就会陷入急着推进关系、带给对方压力、过度期待的泥沼。在关系初期，应该怀有这样的期待，如"希望能多了解对方""也让他多了解我""营造愉快的聊天氛围""先观察是否聊得来"。若双方进行互动后，增加、拉近了关系，再随之调整期待，如"想要再次约会""聊彼此较内在的话题"（家人、过去恋情、负面情绪）、"慢慢地肢体接近"等。

记得随时保持循序渐进、弹性调整的原则。例如，"再次约会"可先将目标设定为"两个小时左右的午餐约会"，若进行顺利再进阶到"晚餐约会加上看展览""半天的老街之旅"等。"聊内在话题"也要先从"稍微提到"开始，若对方进一步询问或也分享自己的事情，再增加细节或负面情绪的描述。肢体接近、接触更需要注意，若才刚认识对方就玩"一巴掌一辈子"的赌注，很可能被列入黑名单或让人觉得轻浮。至于到底该如何判断关系进展并调整期待，别急，第四堂会详细介绍。先让我们回到"滥好人"该如何逆转胜。

吸引，才是主戏

要脱离滥好人的悲剧，需要舍弃追求与讨好的想法；关系拉近，靠的是吸引。我们不该将目光一直停留在对方身上，总想着如何付出。你才是主角，请把大部分时间和精力留给自己，包括提升能力、完成更多任务和挑战，并规划整体生涯，设定想要的生活与目标，逐步找方法与资源去实践。你也可以发展更加多元化的兴趣，有静态、有动态，有独自进行、有合作性质，或是通过学习与练习培养专长。最后，你还需要扩展生活圈子，让自己拥有更丰富的经历与故事（这点很重要，第二堂会详谈）。提升自己的同时，别忘了持续与人互动、拓展人脉且练习聊天。

拥有良好关系的根本，在于让自己不断进步、成长，而非只是一味想着"希望对方喜欢我""想赶快找到对象"。有趣的是，当你聚焦在自身成长时，与人互动反而会变得更顺利，也更容易吸引到对方。传统的追求、讨好，隐含着"有求于人"的意图：

"希望对方给我一个机会,让我成为他的朋友或另一半",无形中不断捧高对方,自己则越蹲越低、缺乏自信。心理学大师阿德勒认为,人与人、关系和关系都应该是等号,而非谁大于谁或小于谁。平等才是关系更长久、稳定的核心元素,但也不是要你从"我低你高"的状态转变成"我高你低"的姿态,自信与自大其实是两码事。

霸气总裁迷倒众生最吃香?

我第一次见到阿哲,觉得他非常温和有礼,几次相处下来,发现他在与人互动或讨论时总显得畏畏缩缩、犹豫不决。某次单独与他聊天,我更确定了他在人际关系与爱情中早已习惯扮演那种不断讨好对方的滥好人。

"我知道自己需要改变,我会努力。"阿哲腼腆地笑着说,"希望早日交到女友,这是我的目标。"

再次见到他是一年后。那是在一场联谊会上,我被阿哲惊到了,这令我一度怀疑阿哲是不是有双胞胎兄弟,眼前的他讲话直接明快、勇于发表意见,开口闭口都是:"我觉得应该是……""我认为你可以这么做……"举手投足散发出领袖气质,成了整桌焦点。活动结束后,他热情地上前来打招呼,我们转去附近餐厅叙旧。

"你真的变化好大啊！"我说。

"人本来就该不断进步啊！"阿哲用略显洪亮的声音回应。

原来，他这一年来除了阅读许多关于自信、沟通的文章外，也花钱进修了许多相关课程。言谈中我了解到，他学的课程中强调"胜者为王"：男人就应该在对方面前展现出自己最强的样子，这个观念让阿哲产生了巨大变化。听他满口"要不断变强""我是猎人，女人是猎物""我考虑给她机会"等语句，虽然气势十足，我却怀念起过去我所认识的那个温和的阿哲。

"看到你努力改变自己，我很敬佩。不过我也好奇，你达到当时的目标了吗？"我问。

"嗯，接触的女生、认识的朋友，都比以前多很多。但不瞒你说，虽然我交往过几个，却很快就分了。"

"是吗？什么原因呢？"

"通常是说个性不合啦，也不知真假。"阿哲苦笑，我犹豫着是否该提醒他一些事情。

习惯"做好做满"的人，除了上述的滥好人、工具人，还有一种是自认能掌控得住全场，但其实让人难以靠近而且十分霸道的人。无论男女，都可能因为太想要表现、事事求好心切、要求完美，甚至认为自己才是对的。当对方感受到你的"强势""以自我为中心"甚至是"自以为是",反而会退却闪躲、保持距离。

男人总是会努力营造出有主见、领袖魅力、领导能力等样貌,原本只是想要培养自信,却矫枉过正变成"任何事情听我的就对了"这种自大态度。当我们总是表现出"我来就好"的强势霸气,一肩扛下所有任务时,其实很容易踢到铁板,让关系不进反退,甚至吃闷亏。

"平衡"是关系增进与维系的重要核心。当你认为自己绝对正确、不容被质疑时,一方面的确展现出"我能做到"的自信,但另一方面也传递出"你做不来""你没有能力""你不够好"的信息给对方。无形中你把自己立于高高在上的位置,对方只能仰头看着你把所有事情做完,然而没有人喜欢一直仰视你,越往后互动越会觉得自己卑微、不够好。

你或许听过某些从演化心理学(演化心理学,或进化心理学,是一种解释人类"有用"的精神及心理——如记忆、知觉、语言和适应——的一种心理学研究理论。这种研究方法借鉴了机能心理学,将例如免疫系统般的生物机制放进心理学范畴的思考方法,用类似方法探讨心理学机制。简而言之,演化心理学着眼于演化如何把思维定型。)延伸的观点,强调男人必须理性、强壮、霸气,成为领袖或让人崇拜,这样才能吸引约会对象;女人呢,除了温柔、顺从,还必须外貌姣好、身材匀称。所以我们不难发现，言情小说中的男主角几乎都是"霸气总裁"，若是穿越剧，那男主角就是"王爷"或"军阀"。在商言商，试想，若男主角职业换成心理咨询师，这小说肯定要滞销了！

演化论的"天生决定"乍听之下可以解释各种现象，包括我们会被怎样类型的男生、女生吸引，早被刻画在基因上了。然而，当我们将一切行为用基因解释时，也淡化了人类的自由意志与选择权利。人类与其他动物之间的差异，在于丰富的思考、创意、后知后觉与觉察能力，而且当社会不断进步、早已脱离狩猎采集的原始时代，我们是否还因循演化论那套老旧的择偶方式，还是个疑问。

事实上，奥地利心理学者马塞尔·泽纳（Marcel Zentner）在一个跨文化研究中发现，性别平等程度越高的社会，越不会因循演化论来选择伴侣。我们会被怎样类型的人吸引，并非全然受本能和原始渴望影响，而是部分源于过去的经验与文化的涉入。华人圈有着朝向性别平等前进的趋势，传统大男人那套早已不是最受欢迎的路线了。

别一厢情愿做好做满！合作才能让感情加温

有主见、方向与想法都是好事，但记得为关系留点空白，付出不是只要自己满足就好！强迫对方接受你的付出不是热心善意，只是自我感觉良好而忽略对方、徒增压力罢了。互动中的合作能带来平衡，我规划行程你订餐厅，我付门票你付饭钱，让对方也有机会为这段关系付出吧！

"完美并不美"不只是一句歌词，也是爱情中的金玉良言。心理学家曾进行过一个有趣的实验，发现完美的人并非最受欢迎，那些"聪明、条件好，但有些缺点、会犯小错"的人，大家反而会乐于亲近（出丑效应，Pratfall Effect）。当你们的关系已经脱离寒暄聊八卦，逐渐进入了解彼此的阶段时，别只顾着展现自己优秀、强势的一面，偶尔出个糗或透露点小缺点，对方反而更能了解你、靠近你，也让他更有机会提供帮助，感受到自己"被你需要"（第二堂会有详细技巧）。

那么，爱情中"做好做满"的原则到底是什么？重要、急迫或概念上的事情可先尝试自己做好，但也要尊重对方的意见（例如提出邀约时，先准备好几个 idea）；相处中的诸多细节、关系里的日常小事则与对方一起完成，不要自己全部揽下（偶尔也让对方知道你也是需要帮助的，相互支持）。别再傻傻地当个滥好人或扮演霸气总裁还沾沾自喜了！

言情小说不是现实,霸气总裁也会碰壁

第二堂

初级班：
创造关系，从聊天开始

2-1 聊天就是说故事

调整基础观念后,接下来的关卡是:该如何吸引对方,建立关系?难道一定得靠高富帅、白富美吗?还是得学一堆说话技巧,来植入潜意识、操控人心?或者需要背笑话,逗对方笑到不行才有用?

好关系是聊出来的

几年前,我主办了一场聊天主题的收费讲座,现场来了三十多位成员,最远的有从台南搭高铁来台北的。面对这些充满学习热情的伙伴,我在讲座开始时讲道:"谢谢大家参与,虽然我在文案中介绍了今天的讲座内容,但还是想先了解一下,你们对这堂课的期待是什么?"

台下成员有的开始仰头思考，有的跟旁边同行的朋友交头接耳，有的则左顾右盼、按兵不动。

"玛那熊，我想知道你都用哪些句子来开场，让对方对你感兴趣？"一位穿着橘色 T 恤的男生大声说。

"很好，还有吗？"我问。

另一位留着平头、身材健壮的男生迅速举手："有没有什么笑话或心理测验，可以快速让对方关注我？"

"希望能学到一套公式，让我跟任何人都能聊得来。"

"你是心理咨询师，可以教我们怎么操控对方的潜意识，让对方被我吸引吗？"

虽然问题五花八门，但还在我预料之中。

"谢谢大家，"我深吸一口气，"以上内容今天都不会讲到，但我给你的，会远比这些更有效果，更能拉近你跟对方的距离。"

成员们有的惊讶，有的眼睛一亮，有的开始写笔记（直到现在我还是很好奇他们记了什么）。在开场白后，我开始演讲。

其实不只是这场讲座，这几年在许多活动或咨询中，我也常听到类似问题。我留意到不少人都期待能够快速学成一套"话术"，包括清楚的 SOP、几个厉害的神回复、一些幽默的短笑话或心理测验，甚至催眠、操控人心之类的绝招，希望在互动中可以快速、神奇地吸引对方，成为人见人爱的"现充"①。这些话术有没有效果？多少是有的，但它们如同樱木的左手只是辅助②，无法在名为吸引的舞台上担任主角。更精确地说，想要一开口就发挥撩人效果，光靠话术或笑话是绝对不够的。

那么，什么才是关键？就是"聊天"。它是让你们了解彼此、拉近距离最简单却也最重要的方式。即使你拥有金城武的外表加上人鱼线，或是拥有志玲姐姐的气质，以及不弱盖尔·加朵（著名影视明星）的身形曲线，你所创造的第一印象的确能吸引对方靠近，但终究还是需要开口与对方说话，才可能将关系推进到下一阶段。一见钟情或来自颜值、身材的吸引，属于一种粉红泡泡似的迷恋，要让关系幻影实体化，彼此之间必然得有更多互动。

常见的调情、邀约、推拉、肢体接触等感情升温技巧，都建立在聊天基础上。若没有通过聊天增加熟悉度，两个人拉近的距离其实是表层关系，并不踏实，不但空洞而且容易破灭。更别说是贸然乱用调情技巧而引来对方白眼、名声臭掉，甚至被检举性骚扰的可能性都有。

---

① "现充"源于日本，流行于中国的网络用语。指的是"在现实生活中也能过得充实"的人，类似"温拿""人生胜利组"。
② 这么经典的人物形象，不懂的话请去看《灌篮高手》漫画。

故事，是聊天的主秀

那么，当你与人接触时，该聊些什么呢？

Andy 是早期向我咨询过的学生，拥有不错学历的他常参加联谊活动，却总是不尽如人意。某次在朋友聚会上认识了一位女生，简短互动后，Andy 觉得对方似乎就是他想找寻的对象，于是找我咨询。

"我觉得当天聊得有点糟，想知道怎么才能逆转现状。"Andy 皱着眉说。

"别担心，我们来实验一下。你试着回想那天，把我当成女主角来聊。"我用了一些咨询的场景重建术，帮助 Andy 进入状态。

"呃，你好，我是 Andy，目前在 ××× 半导体担任研发工程师，但不太需要轮班，时间算是固定，工作已经五年了。之前则是 × 大的 ××× 研究所毕业。平常兴趣是弹吉他、摄影，主要通过看书自学。"

"Andy，现在我们角色交换一下，你当女主角，我来扮演你。我们在朋友聚会上认识，第一次交谈。"于是，我重复一次刚才 Andy 说的内容。

"OK，你觉得如何？"我问。

"哈,我懂了。这根本就是在面试或应聘工作啊!"看着悟性极高的 Andy,我投以微笑。

是的,Andy 原本的表达内容不是平常聊天该有的对话,它适合出现在面试或会议场合(虽然你可能也曾搞混)。认识新朋友或约会联谊这种情境,单靠大量信息、背景数据,并不能让对方印象深刻。原因有二:

1. 人们喜欢听故事;
2. 人们比较记得故事。

回想童年,你是否也爱听着床边故事入眠,或是守在电视机前看动画片?我们阅读书籍、小说,或是从报刊上浏览明星艺人的八卦消息;也会进电影院用两个小时的观片快感暂时逃离现实,并在离开后反复咀嚼某个片段。在《故事如何改变你的大脑》一书中,作者认为故事无所不在,甚至不知不觉地影响着我们。更重要的是,大家喜欢从故事去拓展经验、想象与眼界。

美国斯坦福大学专精广告营销与社会心理学的教授,同时也是《蜻蜓效应》作者之一的珍妮弗·阿科尔(Jennifer Aaker)告诉我们,故事具有强大的威力。她曾在文章 What Are Your Signature Stories?中提及两个有趣的研究:

斯坦福大学另一位教授奇普·希斯(Chip Heath)给班上的学生一份关于犯罪统计的数据,并要他们讨论。结束后,教授要求学生们写下其他发言者的发言内容。发言的学生中,仅有百分之一的人以故事方式呈现出数据,负责记录的学生中,有63%写到这些故事,却只有5%的人记得统计数字。

认知心理学家亚瑟·C.格雷瑟（Arthur C. Graesser）在20世纪80年代的研究中便已经发现,一段内容要让人印象深刻,"故事性"是最重要的。他准备了具备不同特质的短文,包括"熟悉性""趣味性""故事性",故事性较高的内容,即使只让对方以一半的时间阅读,记忆效果却是其他内容的两倍。很多人以为聊天最好要谈"对方熟悉的话题"或"有趣的笑话",这个实验虽是以文章作为测试,但仍可给我们提供另一个思考角度。

因此,一场好的社交互动不能只是信息交流或列举数据,这无法让对方投入聊天,更别说将你的身影烙印至大脑中。想要"请君入瓮",需要运用故事的力量。

运用故事体现高价值（Displaying High Value）

展示个人高价值是社交学永远会被提及的关键[①]。高价值是指多数人认为正面、欣赏、肯定的特质,也就是能帮我们"吸引

---

① 最早出现于PUA（Pick-up Artist,把妹达人）的理论,逐渐扩展至各种社交情境。意指互动时用非语言及语言内容展现个人高价值,进而吸引对方。

对方"的东西。当你逐渐内化"关系不是靠追求，而是靠吸引"的观念后，接下来想问的必然是："该用什么吸引对方呢？"

"我的个性很善良""我这个人很认真负责""诚恳是我的优点"——你曾经在社交中听别人说过这么直白的话吗？想必没有，即使有，当下你大概也是满脸问号，甚至觉得对方油腔滑调，不足为信。除了特殊面试情境，我们的高价值无法在日常互动中高调地说出来。那该怎么办呢？等着对方主动发现我们的价值吗？

我们的确希望对方"自己发现"，因为若由对方主观意识到你具有某种高价值，会比你努力说服对方的效果要好。然而，对方又没有读心术、看人术，也不可能随时知道你做了什么，若只是等他哪天能看见你的特质，实在太耗费时日和精力了。因此，**我们要在互动中，通过分享故事让对方自己主动去发现你所拥有的高价值。**

请感受以下两种版本的语句：

A："嘿，我是 Andy，很高兴认识你。我很有上进心，喜欢学习新的东西。"

B："嘿，我是 Andy，很高兴认识你。刚才没直接跟你握手，是因为前阵子开始自学吉他，手指还在破皮。"

A 用"直球对决"方式，快速将自己的高价值（上进心、喜欢学习）摊开来。

　　B 则是说了个简单的故事，将高价值隐藏其中。若对方针对故事发问，B 还可分享更多故事内容：

　　"我是受玩音乐的朋友影响开始学的，而且忙完工作后自弹自唱很舒服。刚开始手指真的蛮痛的，但最近总算练好一首歌了！"

　　这种说法会让对方对你产生一个良好的印象，如"这位 Andy 有一些厉害的朋友""他还挺懂得调适压力的""他还蛮有毅力的，没有轻易放弃""他的生活好像挺丰富的，不是那种特别宅的人"。不用担心好印象过于模糊、浅薄，事实上人们对于自己是否"喜欢"别人，是由许许多多的"印象"来决定的，这也是你常听到的"感觉"。当你分享的故事越来越多，不知不觉展现了自己的高价值后，在对方心中的好印象将随之增加，并且更加深刻。记住，**"好感"是由这些好印象累积而来的，而讲故事就是你的最佳武器！**

　　至于 Andy 后来的发展，几个月后，我们选了家餐厅，庆祝他与女主角正式开始交往。

状况 A　"直球对决"，老王卖瓜

状况 B　运用故事的力量"请君入瓮"

2-2 怎么聊，才能撩动人心？

上一节谈到，聊天是拉近关系的重要工具，但并不是要你漫无目的与对方闲聊，无止境地和对方分享八卦新闻或网络笑话。到底聊天需要哪些元素，才能产生良好的吸引效果？

分享自己就是自我揭露

多年前曾有新闻报道"神奇的三十六个问题"，引发网友大量讨论。甚至有文章归纳出结论："只要跟陌生人相互回答这三十六个问题，就能快速成为情侣！"这么一听，这也太厉害了吧？！如果真是如此，研究爱情的心理学家或咨询师都要失业了，发明这套问题的人应该得到诺贝尔奖才是。

原来，这是纽约石溪大学的心理学教授阿图·阿隆（Arthur

Aron）在一九七七年的研究。他将学生分为 A、B 两群，再各自两人一组配对：A 群组里的两人自由闲聊瞎扯，B 群组里的两人需轮流发问、回答设计好的三十六个问题，然后对望（是的，别忽略眼神的重要性）。事后的问卷调查发现，B 群组的成员对于聊天伙伴有较多正面感受与好印象，甚至愿意考虑进一步交往。这些问题有什么魔力吗？其实说穿了，就是让成员由浅入深地分享自己（内容一般从生活、休闲娱乐到价值观、个人梦想，以及由快乐、喜悦等正面事件到悲伤、遗憾等负面事件[①]）。

"自我揭露"长久以来被认为是关系拉近的重要元素之一，当你透露自己的背景、过往、生活或心情想法时，会增加对方的信任感，形成可信赖、可亲近的印象。**"让别人快速认识你"** 是吸引对方的第一步，过多的神秘感虽然可能促成"迷恋"，但若你想要的是稳定长期的人际或爱情关系，那它反而会形成一堵隐形高墙，阻碍双方的接近。

不过，也别跑到另一个极端，将隐私滔滔不绝地向刚接触的对象摊开。想象一个情境：你面前坐着首次见面的新朋友，对方讲着自己从小被家暴，感情路坎坷，先是被前任情绪勒索、肢体

[①] Aron, A., Melinat, E., Aron, E. N., Vallone, R. D., & Bator, R. J. (1997). *The Experimental Generation of Interpersonal Closeness: A Procedure and Some Preliminary Findings.* Personality and Social Psychology Bulletin, 23(4), 363–377.

暴力，还在被骗了钱后惨遭劈腿，诸如此类的负面事情，看着对方声泪俱下，你是不是也惊呆了？自我揭露需要"循序渐进"，先从与生活相关的、幽默有趣的事情开始分享，若对方也愿意给你回应，再逐渐加深话题，以免吓跑人家。

找出相似处：共通性

小时候我与一位表哥感情特别好，虽然与其他平辈亲戚互动也不少，但不知怎么的就是很喜欢去找这位表哥。后来我才发现原因之一是，我们都喜欢玩电动、都是爪迷①，喜欢吃的食物也类似。但这为什么会让我喜欢和他亲近呢？

你或许有这样的经验：在某场聚会中，发现旁边的人与你同所学校毕业；进入新公司不久，得知某位同事跟你住在同一个小区；参加聚会或社团时，听到对方和你有着一样的兴趣爱好。当你在陌生环境发现和另一个人有着"相同"或"相似"之处时，是不是感到熟悉、安心呢？而且会自然地想要与他攀谈、互动，让彼此更加亲近。

---

① 早期中华职棒的兄弟象（后来的中信兄弟）球队颜色为黄色，兄弟象球迷因此被网络乡民戏称为"蕉农""蕉迷"，而香蕉象形化后和爪字非常相像，故"爪迷"也被拿来当作兄弟象球迷的代名词。

"共通性"容易让我们对他人产生信任与安全感，并且带来更多的联结与好感，而且共有的经验容易让话题快速开展。例如，你会与对方开始聊同所学校的趣事，修过哪位老师的课；聊某个喜欢的地方的旅行经验、当地美食；或是讨论起共同兴趣的细节、故事。更重要的，"我跟你一样"会制造出"我们是同一类型的人"的感觉，让对方降低戒心，更愿意靠近你。

不一样，更加分：相异性

"她没听过我的工作，我该继续跟她聊吗？"

"他的兴趣跟我不同，这样会不会很无聊啊？"

Willy 在一场讲座上，问了我这样的问题。他的职业是面包烘焙师，兴趣则是结合当地食材开发更多的口味，因此喜欢到郊区或乡间去旅行，寻找制作灵感。

或许你在与对方互动时，也会有这样的困惑：如果我们很不同，对于关系的亲近是加分还是减分？兴趣、背景、想法不一样，是否就聊不起来？

其实，相异并非坏事。共通性的确能为你们带来熟悉感、信任感与容易引起共鸣的话题，但相异性能激发对方的"好奇心"。因为你与对方不同的经历或背景，很可能是他没听过、没见过的新鲜事物。例如，对方喜欢比较安静的活动，而你却是走冒险运动的风格，有不少野外露营的经验，反而可以通过分享兴趣与相关的经验，邀请对方走入你的生活故事之中。

研究爱情的心理学家阿图·阿隆认为，人们有"自我扩展"的倾向，乐于通过与人互动，从对方身上学到更多知识、激发不同想法、增长个人见闻与眼界[1]。因此，若你拥有对方没有的经历和兴趣，与其犹豫该不该分享，不如聚焦于如何将故事说得精彩有趣，引起对方的兴趣（当然，本书的第二、三堂会教你怎么做）。

开心是催化剂：正面心锚（Positive Anchor）

接触过 NLP（神经语言学）的朋友想必对这个词不陌生。当聊天充满轻松、有趣、安全的元素，让对方产生开心、愉悦、舒适等正面情绪时，会促使对方将这种"好感觉"与你这个"人"联系起来。如此一来，对方只要见到甚至是想到你，就会产生"正面的感觉"。简单来说，人们喜欢"好"的感觉与氛围，这

---

[1] Aron, A., &Aron, E.(1997). *Self-expansion motivation and including other in the self*. In S. Duck(Ed.), Handbook of personal relationships (2nd ed., pp. 251-270). Chichester, UK: Wiley.

种心锚将会让约会对象进一步对你产生好感。因此，在聊天中营造愉快、欢乐、自在的气氛，是提升吸引力的关键。

这提醒了你，在刚接触、认识对方时，聊天会以"正面"类型的故事为主，如有趣、好玩、快乐的元素，而较少"负面"故事，如挫折、悲伤与愤怒的事。然而，所谓正面与负面并非等同于"好"与"坏"的意思，事实上情绪并没有绝对的好坏之分。有时含有负面情绪的故事，甚至对关系的推进有着极大帮助，只是目前这个阶段尚不合适。贸然分享太多抱怨或凄惨的故事，容易建立负面心锚，让对方把你跟不舒服的氛围联结起来，这可不是我们乐见的。

当双方较熟悉后，可以考虑分享"负面经验"，做进一步的自我揭露。但请记得，在聊这类故事时，需要有"V型反转"。例如："到了目的地，我才发现器材忘了带，顿时就傻眼了！看到朋友很焦虑，我也觉得很不好意思。后来我们开始运用现场的东西，随机应变，最后竟然也完成了活动，而且产生了意想不到的效果。"

故事中"忘带器材""傻眼""焦虑"都是偏向负面，但后半段克服了危机，反而让对方了解你的应变能力。简单来说，负面故事需包含"逆转"元素，才不会沦为单纯的抱怨。

2-3 建立话题数据库，从此不怕没话聊

我们已经知道聊天的好处，但"不知道该聊些什么"是过去一直困扰我的事，相信也是不少人的困惑之处。某次受邀在婚恋平台演讲，我与他们的 VIP 会员分享如何在联谊与约会中脱颖而出。当我问道："你们目前约会的关卡是什么？"会员像是终于找到了倾诉口，开始向我大吐苦水。

"介绍完自己的工作后，就不知道接下来要说什么了。"

"对对对，我上次参加联谊会，只能跟对方干瞪眼，十分尴尬。"旁边成员点头如捣蒜地说道，都有同样的感受。

"真的啊，每次聊天都容易冷场，一下就没话题了。"后方传来附和，虽然我看不到他的脸，却深刻感受到声音里的无奈与沮丧。

这也引起了其他人的共鸣："唉，我也是，除了讲工作跟

最近看的电影以外就没话题了,结果对方一副无聊到想睡觉的样子。"

聊天没话题,是绝大多数人都会遇到的第一个困境。

其实,这个问题不难解决,只要<mark>建立故事数据库</mark>,就有聊不完的话题。但在着手建立数据库前,请先思考一个问题:

"聊天能力是与生俱来的,还是后天得到的?"

学习加上练习,锻炼提升聊天能力

很多人对于自己不擅长聊天这件事感到十分沮丧,我也曾经历过。有些人将"不会聊天"这件事归因于没有天分——"我天生就是这样,没办法啊!""某某某本来就很能聊啊,我不可能像他一样!"用这种天赋观点看待聊天这件事并不算错,因为大脑的发育的确会受基因、遗传等天生影响,但你甘心这样吗?

事实上,聊天能力绝大多数是受后天影响的,我们从小到大较少接触这类知识,等于缺乏"学习聊天"的知识培养。另外,我们可能因为不知道怎么做,或曾有过不好的经历甚至遭受过挫折,而越来越不想跟人聊天,导致没有"练习聊天"的经验。一项技能的养成,<mark>"学习"让你知道该怎么做,"练习"则让你进阶为你做得到。</mark>当你缺乏"学习"或"练习"其中一样环节,都将阻碍你提高聊天能力（更别说常有两者都缺乏的情况）。

尤其在爱情这部分，许多男生从小就被长辈灌输一个观念："好好念书、认真工作，有好学历与稳定收入，就会有人喜欢你！"想想看，你是否也听过类似的金玉良言？对长辈来说，认真念书、工作、结婚、生子是过往年代常见的人生进程，他们并没有骗我们，也绝非讲干话。然而现代的环境，学历与工作已成为基本门槛，除非表现极度突出（例如一年攒个五十万人民币以上），否则无法构成强有力的优势。我们需要培养并展现出更多高价值，才会增加自己的机会。

因此，若你目前自认为不会聊天，千万不要气馁或放弃提升。在我个人的经历与咨询经验里，聊天能力绝对可以通过学习、练习养成。你需要以下三个故事数据库来锻炼聊天实力。

第一数据库：搜集别人的故事（一般信息）

这里的"别人"指的是**"你认识，但对方不认识你的人"**，亦即跟你不相关的人，如艺人、体育明星、名人等公众人物。这个数据库包括各种时事新闻、热门话题、实用信息、八卦趣事甚至科普、冷知识。此类型的话题在社交活动中一向实用，因为侵略性极低，对开展聊天很有帮助，甚至能找到共通点制造互动。

例如：

"听说有名的日本鳗鱼饭在台北开分店了,你去吃过吗?"可以聊喜欢的餐厅、喜欢的日式料理、相关的美食和台北生活等。

"上周看金马奖直播,某某某的表演真不错啊!"可以聊金马奖、电影、艺人、表演等。

"最近我发现有位 YouTuber 的影片特别好啊!"可以聊 YouTuber、喜欢的影片、网络使用经验等。

发现了吗?**要让聊天持续下去,抓取"关键词"并延伸话题是重点**。别只是单纯分享一个信息点,要反过来运用这些"别人的故事"让互动活络起来。此外,不少人在聊天时容易犯的错误就是"滔滔不绝讲专业"或是"吊书袋"。我能理解这种情形,好不容易聊到你熟悉的领域,所以想要展现自己高价值的蠢蠢欲动,但过于刻意或冗长的"分享",反而容易让对方觉得烦闷、无聊,甚至将你当成奇怪的人。**你的知识需要配合场景或者是刚好聊到有趣的话题,也就是"自然提及"的功夫。**

我想起第一次参加联谊时的经验。主持人说明了规则:大家分为一对一,每对仅有三分钟的时间,时间到了会提醒大家移动到隔壁,与下一位对象互动。随着"开始"声响起,我介绍自己让对方认识我,随后这位女生也介绍她自己的个人资料背景。三分钟瞬间就过去了,当换到下一位时,我重复做同样的事情。虽然我对自己记忆力还算自信,但换到第五位时,脑袋已经一团糟了。主持人的"开始"在我听起来变成了"播放",我仿佛是台音响,不断重复放送相同内容。等等,那我干吗不摆支录音笔就好?

大梦初醒的我,决定在和下一位交谈时做点不一样的事情:先观察眼前清秀短发、穿着白底蓝色碎花小洋装的女生,以及她锁骨下方那条项链。我的第一句话是:"嘿,你也喜欢 Georg Jensen①啊?这条项链很适合你。"在对方略微惊讶、一副"男生竟然知道这东西"的表情中,我们聊了这品牌的信息(年度项链、经典商品、其他款饰),分享对银饰的了解(银的特质、保养)。三分钟过去,我不知道她的名字、工作,却对她印象深刻。我猜想她对我也是如此,因为在中场休息时,我背后传来一声:"哈啰,GJ 先生,我们刚才忘了交换名字跟 MSN(是的,你可以推测这故事有点年代)。"后来我与这位 GJ 小姐又聊到华人圈业者引进银饰品手作工坊,让顾客可以亲自制作配件的信息。

这类的生活、半专业信息其实很容易运用。例如,当聊到双方都爱吃牛排时,可以分享最近新开或网络上走红的牛排店信息,甚至自己中意的餐厅,也可提到牛排的烹饪技巧、成熟度的

---

① Georg Jensen 是来自丹麦的知名银饰品牌,除了项链、戒指、手表等饰品外,也有许多经典家具及生活小物,其质感、设计与工艺吸引了不少爱好者。此品牌每年推出的年度项链,也成为爱好者的收藏兴趣之一。

差异、某家物超所值的高档肉铺等。

要充实这个故事数据库其实并不难，因为有太多渠道可以接收信息，如报纸、杂志、书本、网络平台、各类文章、影片等。花点时间搜寻、增广见闻的同时，也从中记下有兴趣、新奇的事吧！将这些信息及知识提炼成聊天话题来使用：你知道越多的信息，越能在聊天中信手拈来、话题不断，并且要记得善用对方感兴趣的主题，如此才能创造或延续对话，以免沦为自我感觉良好的独角戏。

第二数据库：转述朋友的故事（趣闻逸事）

简单说就是"转述我朋友发生的有趣事情"。

人们在关系尚未亲近时谈论私事，容易感受到压力，这时就可用"朋友的故事"暖场。要建立这个数据库的第一步，自然就需要有朋友。如果你属于边缘人族群，别急着放弃，朋友不会凭空出现，但你绝对可以建立自己的人际圈。对尚在学校的学生来说，可把握社团、学生会、各种活动、各种比赛，利用这些机会，试着与别人打声招呼，以寒暄问候来开展互动（当然，你可以等看完这本书再行动）。若你已经出社会，想必发现拓展"单纯"的人际关系并不容易，因为许多互动的背后都隐含着利益、好处、公务、私心……难怪"上班当同事，下班不认识"被视为金科玉律啊。

虽说不一定要跟同事变好友，但用餐时间的闲聊也是在搜集故事，还能与同事们建立联系，于公于私都是有帮助的。若幸运地遇到聊得来的同事，也要把握机会邀请对方进入你下班后的生活中。另外，参加活动、讲座也是扩展人际的方法，试着跟坐在隔壁的人讲讲话吧！如果你觉得与陌生人面对面实在太刺激，运用网络社群（如加入网络社团）也是个方法，参加讨论、分享信息及意见，别永远当个潜水者！最后，你有多久没跟以前的好友聚会了呢？不要只是被动地等着别人找，不如你来当组织者，趁休假把大家约出来吧。

当你累积了亲朋好友的故事，在互动初期可分享给新朋友，一方面透露你的好人缘优势，另一方面若朋友的故事精彩，也等于展现了你的社交水平。但请留意以下两点：

1. 以日常中的有趣经验为主，请勿出卖朋友的隐私或秘密。

某些心事、惨痛回忆与经验，并不适合让第三者知道，请帮你的朋友守好秘密，乱传八卦不但伤害友情，还会让新朋友觉得你不可信任，并与你保持距离。"守口如瓶"是人际关系中的稳定元素。

2. 朋友的故事里最好包括你，或与你有联系。

这个数据库虽然好用，但如果你总是这样讲：

"我朋友 Vincent 去年跑去印度当义工了耶！"

"Vincent 今年夏天去欧洲自助玩了一个月！"

"Vincent 超强，会自己做出美味的提拉米苏！"

后续会发生什么事？对方保证会说："干脆你介绍 Vincent 给我认识好了。"若你在分享时眼神闪闪发亮，还可能被误会倾慕对方！如何避免以上窘境？<u>描述的故事除了提到朋友，也要让自己有戏份</u>。例如："我跟朋友一起参加 Suit Walk 绅士游行活动①，他穿了一套挺不错的西装。"同时多描述自己："我选择灰蓝格纹双排西装，而且那天我……"切记，要将焦点转移到自己身上，因为你才是主角！

第三数据库：分享自己的故事（个人经验）

先讲结论，这是最重要的话题数据库。

你亲自接触的人、事、物越多，便有越多的新奇材料发展出"对方原本不知道、没有经历过甚至想象不到"的故事。这类话题可引起别人兴趣，而且能够让对方看到你的优势、特质或丰富的生活经验，方便你建立两人共通性却又进一步展现独特性。

---

① Suit Walk 为"顶级宅男 & Office DANDY"粉丝主页主人 Brian 于二〇一四年举办，邀请喜好绅士装风格的同好，透过游行来交流。目的在推广绅士装，让更多人体验绅士装之美，且让人了解不是只有跑业务或结婚才可以穿西装。

例如，对方说鼎泰丰的小笼包好吃时，你便能用用餐的经验来延续话题："我觉得菜肉蒸饺也很不错啊。""他们炒饭真的粒粒分明。""你知道他们哪种小菜卖得最好吗？"

如果你有在前述第一点"一般信息"下功夫，或许还能多聊一句："听说他们要涨价了！涨价前我们去大吃一餐吧！"（自然邀约）

我喜欢认识新朋友、增广见闻，某次在创咖啡[①]参加聚会，一群人聊到出国旅游，各自分享在日本、欧洲、澳洲等世界各地的旅行经验。当我沉醉在大伙儿的各种旅游趣事时，有位伙伴发现我还没有分享："玛那熊你呢？去哪里玩过？"

"我倒不是单纯去玩，而是带学生去印度当国际义工。"话才说完，立刻吸引了大家的注目，各种好奇提问蜂拥而至。在这个例子中，"去印度"对多数人来说较特别，而"带领学生""当义工"则能展现优势，制造好印象。

丰富的生活经验能带来独特的聊天话题，但这需要平常的累积，临场硬编很难顺畅延续（因为不是实际发生过），若被发现更是大大扣分。为了吸引对方而扯谎，不是件很累又有压力的

[①] 创咖啡是一间以"促进合作、串起交流"为主题的实体咖啡店，常会举办各种主题讲座、聚会，给个人或新创团队提供一个互动平台。我自己也喜欢在那里办活动。

事情吗？比起网络笑话、罐头惯例①，你的亲身经历才是更强大的武器。简单来说，要增加聊天话题，"走出家门"其实是很强大的心法。参加活动聚会、社团社群、学习进修等，都是让你生活更丰富、扩充话题数据库的好方法。更重要的是，这个世界远比你想象的有趣太多，勇敢踏出舒适圈去冒险吧！

---

① 罐头惯例指的是网络上或一些聊天间流传的一些笑话、问题或测验，因为极为类似且大量重复使用，如同罐头生产般长得都一样。例如，异性与老虎——描述故事，并让对方代替故事中的女主角，选择打开有异性的门（心仪对象将带着美女远走高飞），抑或有老虎的门（心仪对象可以迎娶女主角，但也可能被吃掉）。最后用模糊的话语来分析对方的爱情观。

或者是"性别转换"的例子——牡蛎一生可以转换一次性别，你想转换吗？换了后最想做什么？

还有关于"戒指"的测验——从戒指戴哪只手指来分（乱）析（瓣）对方的个性。这些惯例的优点是容易带起讨论，但缺点是制式化，尤其对方若已经听过，很可能会尴尬傻眼。建议非必要尽量少用，或是加入自己的逗笑段子以增加变化。

三个故事数据库的应用与功能

资料库名称	内容	功能
别人的故事	报刊、网络话题、热门影片、新闻时事	开场、打发时间、寻找共同话题
朋友的故事	亲朋好友的生活趣事、糗事、特殊经验	串场、接话、展现优势(人缘、社交水平)
自己的故事	自己生活＆生命中的趣事、糗事、特殊经验	展现优势(看故事内容)、让对方认识你、拉近距离、创造吸引

实际演练：建立你的话题数据库

表格内的"分类"可依照自己的喜好来设计,"联结"字段则指这些"别人的故事"与哪些"自己的故事"有关。

例如,某家新开牛排店的信息,可联结到"自己吃过最有印象的牛排餐厅"或"自己在家煎牛排"的故事。

[别人的故事] 整理单

主题	
分类	□知识信息 □热门话题 □奇闻逸事 □八卦 □其他
来源	
摘要	
联结	

自己的故事，是聊天时拉近关系的主力。可以先学习初级版的整理方法，下一节会讨论如何使故事精练，帮你完成进阶版。

[自己的故事] 整理单（初阶版）

主题	
分类	□美食 □旅游 □兴趣 □工作 □其他
摘要	时间： 地点： 人物： 事件：
联结	

2-4 让故事更吸引人的必学技巧

建立初步的话题数据库后,接下来就会面临"如何在聊天中使用"的问题。

聊天的重点在分享故事(尤其是自己的故事),然而"表达能力"往往是我们在人际关系、爱情吸引中尝到挫败滋味的主因之一。回想你过往的互动经验,应该见过总能轻松自在、谈笑风生,转瞬间就抓住众人目光,甚至让大家越聊越起劲的聊天高手;但想必也见过让人哈欠连连、精神涣散、无法勾起兴趣,只想赶快结束对话的生手。相信你和过去的我一样,想让自己的聊天能力有所突破,跻身强者行列,驾驭日常社交情境,甚至吸引好感对象。接下来,我们会一步步往前迈进。

7∶38∶55沟通法则迷思

许多人（包括我）在学习互动能力的过程中，曾听过7∶38∶55沟通法则的神奇妙用。甚至在某些演讲技巧、职场沟通、把妹搭讪的领域，都流传着这个法则。这到底是什么？

最常见的说法是，美国心理学家艾伯特·麦拉宾（Albert Mehrabian）提出，我们在叙述某事时的说服力，以及别人对我们的观感、印象，55%来自外在形象、肢体与表情，38%来自我们的声音语调，至于内容？抱歉，仅有7%的影响力。因此，越来越多的人鼓吹，若要制造好印象以吸引对方，声音与动作才是关键，你讲什么其实不重要。于是，我们会见到一些人在聊天时极尽表演之能事，夸张的笑声与音调、刻意的手势与表情，将平凡无奇（甚至有点无聊）的事情，说得像是中了大乐透般激动。若照这个法则，我们何必还要这么辛苦建立自己的故事？反正内容又不是重点！

请想象一下，若对方每次都用夸张的方式，说着空洞无趣的内容，你会不会觉得哪里怪怪的？这种"表演式聊天"刚开始的确很吸睛、引人发噱，却容易让人感到"腻"，觉得他大惊小怪、油腔滑调、虚伪浮夸，搞不好想让人保持点距离，更别说制造好感、加强正面印象了!

为什么会有 7 ∶ 38 ∶ 55 法则呢？麦拉宾真有其人，也的确做过实验而提出此论点，但问题出在被误用了！麦拉宾在一九六七年写过两篇研究，让体验者说出单词（如亲爱的、可怕的），搭配不同的"互动线索"，探讨语意内容、声调、表情三者在沟通时对情绪的影响。接着，麦拉宾结合两篇研究结果，提出了 7 ∶ 38 ∶ 55 这个观点。然而，原始的实验是设计在"当语意内容与声调、表情不一致"的情况下得出的结果。例如，当你今天被邀请参加生日派对，送礼物给朋友时，对方用低沉的声音说"谢谢"但脸上表情僵硬，此刻我们倾向于用"语言内容之外的线索"来判断对方的心情是否高兴，胜过他所说的那句"谢谢"。

因此，所谓的 7 ∶ 38 ∶ 55 法则不能套用在所有人际互动中。麦拉宾随后在一九七一年撰写的 *Silent Messages* 书中，提出沟通包含了三要素：内容、语调、非语言行为，若言行不一、情境模糊时，声音、肢体等要素的影响力才明显。第二年麦拉宾又在另一本书 *Nonverbal Communication* 中强调，这个法则并非适用所有沟通情境，只有在"某人说话时的语调、手势、表情（非语言信息），和他所说的内容（语言讯息）不一致时"，人们才会受此法则影响。

然而，多年来 7 ∶ 38 ∶ 55 法则被以讹传讹，网络更加速了其误用、滥用，让麦拉宾忍不住在二〇〇九年时于自己的网站上再次澄清。其实对于 7：38：55 这个比例，也有许多后续的研究持不同意见。总的来说，我们都误会了这个法则，低估了"内容"的重要性。

故事需要调味料

既然你已经知道常见的沟通误区，该来谈谈"语言内容"与"非语言信息"的关系了。麦拉宾在 *Silent Messages* 中认为，它们之间的一致性能让沟通更有效，而我的经验则观察到两者间属于相辅相成、相互支持的关系。若内容无趣空泛，即使努力"表演"也终究会被看破手脚；若内容精彩，但平淡无奇的表达方式会让听者提不起劲，浪费了好故事。

前面已经提及，只想依赖话术、神奇句子来吸引对方成效不彰，因为聊天如同料理，需要先有食材（故事，即语言内容），后续再靠烹饪手法（表达技巧，即非语言信息）来完成。两者之间还存在一个阶段：对食材进行熏制、调味，也就是使你的故事内容变得精练。

首先，当我们将生活经验转为聊天故事时，需要进行取舍，将原始食材去除腐烂才好。因为聊天并不适合分享"流水账"，不需要从头巨细毫无遗漏地描述。来看第一个例子：

"上周六早上，我八点就起床梳洗，然后开始准备行李。吃了楼下巷口的三十元火腿蛋后，我就去车站乘车，大概十二点左右到淡水捷运站。我们先去吃了一份午餐，到河堤旁第二间咖啡店喝个饮料。我点了水蜜桃冰沙，朋友选了大杯拿铁，总共花了三百二十元。下午两点后我们走去小白宫，停留了十五分钟后前往淡江中学，又慢慢走了半小时逛红毛城，后来回老街搭船去渔人码头看夕阳。"

这样的故事内容，保证让你的聊天对象偷打哈欠，心里想问："重点呢？到底要讲什么？"人的注意力与记忆力有限，别浪费时间在没有意义的琐碎细节上。但是也要留意避免跑到另一个极端——说话轻描淡写。再来看第二个例子：

"上周六我跟朋友去淡水玩，还看了夕阳，蛮不错的！"

若对方发问倒还好，如果只是"嗯嗯"一声，你的故事就结束了！更何况，过于简略的内容，不太容易引发对方"想再了解、继续聊下去"的兴趣。请在整理故事时，抽取其中"亮点"。你的亮点可以有好几个，但不要像演讲一般一股脑儿全说完，应该"小题大做"才对：

"上周六我跟朋友去了淡水。你知道吗？我看到了有记忆以来最美的夕阳。那天除了橘红色的火烧云，天空也慢慢从蓝色转成紫色,吹着晚风,加上旁边街头艺人的吉他表演,实在太舒服了!"

在这个示例中,我只提了一个亮点(看夕阳),并用了最有效的调味料"感官元素"来丰富内容。

感官元素让人身临其境更入戏

人有哪些感官?正在阅读书本的你用到了视觉,翻页时"触摸"到纸的质感,若是在咖啡厅看这本书,会"听"到周遭的聊天声,或是"闻"到松饼的香味,喝一口红茶"尝"到苦涩与甜味。或许接下来你开始感觉到"饿",急着去柜台点餐时撞到桌角而觉得"痛"。店里出了故障的空调让你感觉到了"温度"的变化,汗水让你觉得有些发"痒",所以拿了张面纸擦拭。

为何要在故事中加进感官元素?回想刚才的描述,脑海中是不是浮现了模模糊糊的"画面"?这就是调味料的用意。我们许多故事来自真实经历,分享时能回忆起片段影像,但对方并没有这个经验,所以需要靠这些感官元素帮助对方想象(也可以说是"脑补"),让他"身临其境"而参与你的精彩故事。

别小看这些言语、文字的力量,它们负责刺激听众的大脑皮质,"提取""模拟"类似的感官经验,让他得以想象。而这会让人更专注、更有兴趣听你说故事。同时,也别忘了运用工具来补足感官元素,最基本的就是"视觉"。先将照片储存在手机里,以备不时之需,搭配故事内容适时秀给对方看。当聊到喜欢的歌曲时,不妨也让对方戴上其中一边耳机,共同聆听。

下次聊天时,别再只用"很漂亮""好吃""特别"来形容,将你的故事修饰、升级一下吧。搞定"内容"后,下一节我们会接续加强你的"非语言信息"表达力。

 实际演练

[自己的故事]整理单(精练版)

主题	
分类	□美食 □旅游 □兴趣 □工作 □其他
摘要	时间: 地点: 人物: 事件:
亮点	
感官元素	视觉: 触觉: 听觉: 嗅觉: 味觉: 其他:
联结	

状况 A　别浪费时间在无意义的琐碎细节上

状况 B　过于轻描淡写

Show Time：用你的表达力

故事搜集、精练调味后，再来就是实际上场，透过与对方互动来展现你的魅力与优势。在聊天这件事情上，"非语言信息"即是料理技术，能将准备好的食材发挥至最大功效。我们从两部分切入：声音与肢体。

故事的灵魂：语调变化

我喜欢与人当面聊天胜过网络聊天。主要原因就是，面对面互动有趣许多，也让我有更多"武器"来营造气氛，将对方带入我的世界中。"声音"会影响对方是否集中注意力聆听，甚至能否投入故事。我将声音拆成三个元素来检视：音量大小、音频高低、语速快慢。

请先记住一个原则：听众人数越多，声音变化就要越明显，当然这也会消耗比较多的力气。记得某次在一所学校的大礼堂演讲，当天来了八百多人，我讲完当下肚子特别饿不说，身体就像刚参加完路跑般疲累。好在一般的人际互动，顶多一打十，如果是约会情境，听众也才一人，只要拿捏好声音大小、高低、快慢的细微变化，就能收到良好效果。

音量大小要适中

聊天时声音过小，对方可能会漏掉一些信息，且容易情绪烦躁，影响互动意愿。更麻烦的是，多数人会将"讲话太小声"与"缺乏自信"画上等号，而产生负面印象。然而，太大声除了让人生理上不舒服，也会给人"强势""没有顾虑到别人""不礼貌"的感受。

为了让音量适中，互动时可以通过观察对方的反应来调整。若对方不断询问或表示没听清楚，请提高音量使他听得更自在。肢体语言是另一个评估线索，若你发现坐在对面的新朋友不断前倾、靠近，别急着高兴，以为"哈，看来她对我有好感""想不到我蛮有吸引力的"，对方很可能只是觉得你声音太模糊，想听清楚而已。反之，当对方往后仰、拉开距离时，或许是你声音过大造成的。参与团体聊天时，你的声音通常需要放大，并观察离你最远的那位朋友是否身体一直往前，或者已经心不在焉，这些都是"音量需要调整"的线索。

音频高低要变化

你有没有遇到过讲话非常"平"的人？虽然对方的故事有趣、咬字清楚，但一个字一个字毫无音频变化的声音，仿佛有着强烈的催眠效果，让人注意力涣散，忍不住放松。声音的高低转换，能帮助对方融入故事情境、感受你的心情，是聊天时一定要留意的技巧。

一般来说，讲到开心、兴奋、新奇、有趣的情节时，声音可以略为拉高，展现出高亢、比较"嗨"的气氛，来感染你的互动对象。提及理性、分析、评论性质的话题时，则可稍微降低音频，营造出认真的态度，以加强说服力。与音量的道理相同，在团体聊天的情境中，音频高低变化可以明显一些，好吸引大家的目光。

语速快慢要搭配

聊天时必须避免"字词黏在一起""讲话太快"，因为它们同样具有催眠魔力，会让对方无法跟上你的速度。注意你的咬字，要将每个音节清楚地念出来，可以透过"光环效应"（Halo Effect）营造出"自信""从容自在""教育或家世背景良好"的印象。"光环效应"指的是，人们习惯过度推论，将一点线索放大到整体。总之，当对方听到你清晰、不疾不徐的声音时，很容易对你产生正面猜想，更愿意互动。

运用"放慢音速"通常能营造良好的表达效果。以下两种情况可以试着刻意放慢说话速度。

1. 谈到重要的关键词，较慢的声音能够强调效果，让对方更专心聆听。例如："后来我们决定开车，**直、冲、武、岭**，抵达后发现天空真的超美！"这句话若你想强调大伙儿杀上武岭的冒险精神，可以在粗体字放慢语速。若想强调的是当天看到的景色，则可以变成："后来我们决定开车直冲武岭，抵达后发现天空真的**超美**！"

2. 即将提到故事的亮点前，刻意放慢速度制造停顿，借由让对方等待而营造悬疑效果，也就是"卖关子"。例如："后来我们决定开车直冲武岭，结果上去后**发现**……天空真的很蓝，超美！"或是"大家讨论了好久，**最后**……我们决定开车直冲武岭！"

运用"卖关子"引发对方期待、想再继续听下去，在互动中具有良好的效果。第三堂我会介绍另一个卖关子技巧："发问"。

总结来说，我们在社交场合聊天时，可运用以上三个声音元素，创造出不同的"温度"，搭配你的语言内容。声音表达技巧需要通过练习让它自然融入互动中。因此，我鼓励你录下分享故事时的声音（影像更好），或是找信任的亲朋好友当练习对象，并邀请他们给予回馈，帮助你调整。

声音与语调的搭配运用

声音温度	语调特性	运用情境	效果
热	较高音频 较快速度 稍大音量	故事高潮／亮点、提及正面情绪情节	引发对方类似情绪
温	中阶音频 中等速度	一般情节、背景描述或说明	让对方稳定聆听
冷	略低音频 较慢速度	信息、知识讨论或分析事情	增加说服力

故事的配乐：身体语言

我是个兴趣广泛的人，其中一个兴趣是看电影。某天凌晨睡不着，我起身拿出iPad打算"复习"一遍《环太平洋》这部当年让我在电影院起鸡皮疙瘩的神片。电影开始不久，主角与哥哥搭上了巨大的机器人"吉卜赛危机"，我却没有什么兴趣，那种气势激昂、即将迎战外星怪物的热血感觉完全没了。怎么回事？单纯是因为屏幕变小了吗？

当时为了不吵醒身旁的女友，我只开着极小的音量。于是，我拿起蓝牙耳机，放大声音后，终于进入电影世界中，尽情感受故事里的刺激元素。看过《环太平洋》的朋友，一定对这段配乐印象深刻，气势磅礴、紧凑的旋律，让人感到仿佛自己也坐进了驾驶舱，从基地霸气出击。

比起上段提及的语调，我认为"身体语言"更像是不可缺少的配乐：你未必立即注意到，但少了它就是怪怪的。肢体动作如同电影配乐，自然融入故事中，让你不知不觉给对方留下深刻印象。聊天中的身体语言，可以分四部分：外形、表情、手势与姿势。

外形和表情：你的第一张名片

当双方刚接触、尚未开口前，会从两个方面来产生初始印象：第一是外在形象，包括穿着、发型、气色等；第二是表情。在我的咨询经验中，这两者容易受到忽略，导致起步不顺甚至错过机会。

"金玉其外，败絮其中"的迷思，就如同"好好念书找个好工作就会有老婆/老公"一样，是我们从小被洗脑的观念，也是让许多人无法脱单，始终维持单身的主因之一。因为人类其实很爱"脑补"，从片段推测整体（即使常常不准）。这就是前面提过的"光环效应"：从所见线索、所闻信息，快速、过度评估并做出选择。演化心理学认为，远古时期的人类时时刻刻处于危险环境，因此得拥有迅速判断、反应的能力。到了现代，我们每天要接收的信息、要接触的人群实在太多，为了减低大脑的工作量，于是持续使用这个习惯。

　　对方的外形，能让我们快速产生对他的好感或负评，虽然这些第一印象有可能会在之后加以修改或加强，但也有可能因为过差的负评，而没有后续的互动来让你扭转劣势。正所谓"别人没有义务透过你邋遢的外在，看见你丰富的内涵"，当你有很棒的故事与特质时，当然值得用外形来搭配自己，让内外相辅相成，并且增加取得"互动门票"的机会。也许你目前的身材不够完美，但可以通过穿着扬长避短；或许你的颜值不是顶天，但肤质与气色能让对方觉得干净清爽。也别忘了整理发型与养成运动习惯，让对方第一眼就对你产生好印象。

　　表情，是另一张无声却格外重要的名片。不论在一般社交还是择偶情境中，"和善性"都对人们具有吸引力。也就是说我们倾向接触友善、亲切的人，甚至比较容易被他们吸引，愿意拉近彼此的关系。"微笑"是用来开启关系的有效表情，能让对方"脑补"你是个亲切、善良、温和的人而留下好印象并愿意持续互动（当然，希望你真的是这样的人）。有些人其实并非心情差或讨厌对方，但就是习惯紧闭双唇，制造出严肃、沉闷的气氛，无形的高墙便阻挡了双方靠近，非常可惜。若你有这种状况，请对着镜子练习：

动动嘴巴、吐吐舌头，放松附近的肌肉。

不急着硬挤微笑，先松动紧贴着的上下嘴唇，让它们轻触即可。

再让双唇稍微分开，但不用张口（以免看起来很傻），试着吸一口气，空气能自由进入口腔即可。

最后，练习微笑。想想有趣的故事（不论别人或自己），记得微笑时的肌肉感觉。

当你与对方互动时（即使是第一次接触），眼神对望也能激起好感，让他更有意愿向你靠近一步。但是，达到这个效果的首要条件是，眼神需要温和而自信。在大多日常社交情境中，你不需要遵照某些网站上的教程，摆出霸气总裁的姿态盯着对方。因为在我的咨询经验中，被这样盯着看的人不会觉得这叫自信，而是以为你在瞪人（潜台词："骄傲什么啊？有什么了不起的！"）自信并非自大，我们不需俯视，只要平等待之，别矫枉过正让人误会你是刺猬。温和与自信可以并存，当你扮演一只狮子时，记住你也是只大猫；别害怕直视对方，但要放轻松，心里维持"我想更认识、了解你"的潜台词，而不是"我要征服、狩猎你，让你喜欢我"。

手势：自然摆动是最高原则

鼎泰丰的炒饭一直是我的心头好，米饭粒粒分明，撒上清爽的青葱，咸味恰到好处，鸡蛋穿梭点缀，虾仁新鲜浓郁。某次聚餐我照例点了一份炒饭，因为桌上小碗不够，所以我跟服务生又要了一个。有位朋友笑了出来："熊哥，你讲就讲，干吗手还要比一个碗的形状啊？"我才发现，自己除了演讲时手停不下来，连日常生活对话也已经习惯运用手势。

手的动作可以让听者将注意力更集中在你身上，辅助你强调故事中的亮点与情绪，加深印象。此外，当我们描述东西、位置时，"比手画脚"就是在制造"视觉线索"，让对方更能进入故事中。（还记得上一节提到的，关于故事的精练吗？）所以啊，好手势干吗不用？如果你聊天时还没有"手口并用"的习惯，可以这样练习：

观察是学习的第一步，留意身边善于聊天的朋友、同事，若没有这样的对象，也可以看谈话节目或网上视频。

观察时留意他们是如何使用手势的，搭配怎样的语言内容。

试着模仿，但不用照抄，而是加入自己的习惯或想法，让手势越自然越好。

练习时可以录像，也可对着镜子，甚至可以请朋友给予回馈。

记住,手势与前面的"语调"道理相同,听众越多时才需要越明显;若是一对一互动,别把自己搞得像小丑一样。

谈论的内容偏理性,手势的停顿感要明确;反之,若聊的是轻松的话题或感性的内容,手势可以流畅温和一些。

姿势:决定你是谁

我读大学时,宿舍附近的餐厅有台电视,供学生吃饭时有个娱乐(当年还没有智能手机这玩意儿)。某天中午电视机前挤了一堆人,问室友才知道是棒球亚锦赛:中国台北队出战韩国,胜者将取得奥运会门票。我凑上去看时,刚好轮到高志纲打击,十秒后当球高弹跳越过三垒手的刹那,现场所有学生做了同一个动作:高举双手,然后开始呐喊。顿时,整个餐厅、宿舍区都是"哇""赢啦""耶"此起彼落的呐喊声。

为什么大家举起双手?过去,心理学家普遍认为"情绪影响行为与动作",当我们兴奋、雀跃时,自然会将肢体打开、动作放大;相反的,当心情低落沮丧、焦虑紧张时,身体会紧缩下垂、目光向下。哈佛大学教授艾美·柯蒂(Amy Cuddy)通过研究提出了另一种观点:"动作也会反过来影响情绪。"人们通过刻意的肢体伸展,能帮助自己提升信心、降低焦虑。柯蒂鼓励我们运用动作来扭转局面、因应挑战,"姿势决定你是谁"因而成为 TED 经典演讲之一，也是她后续出版的畅销书书名。

因此，**聊天时不妨让自己的肢体打开，对于增加自信与减少紧张有正面帮助**。例如，你可以将手放在桌上，而非藏在桌底下或双手交替紧握；也请留意你的肩膀可略为向后，将胸口打开并正面对着互动对象。另外，背部挺直、目光平视前方，也是增加自信的动作。这些肢体姿势，甚至可以在"正式上场"前就用来逐渐提升信心、勇气：出门时先对着镜子练习伸展身体，或是在约会地点附近的厕所里进行伸展，都能让接下来的互动更自在。记住，**姿势不只能帮助你调整情绪，也影响别人对你的观感印象**。还记得"光环效应"吗？展现出自信样貌的人，较容易在第一印象取得好感，所说的内容也较有说服力。

最后，肢体既然能带来正面影响，也能产生负面破坏。若身体封闭紧缩，头部向下弯曲，可能让我们对自己的"力量感""控制感"也跟着往下跌落。什么时候人们习惯这样的姿势？没错，就是玩手机！现在，你有了拒当低头族的好理由了。

姿势决定你是谁

将手放在桌子上,而非藏在桌底或双手总是交替。

肩膀略为向后,胸口打开并正面对着互动对象;
背部挺直、目光平视前方,也是增加自信的动作。

这些肢体姿势,甚至可以在走出家门前或"正式上场"前对着镜子练习,或是在约会地点附近的厕所里,把身体伸展开来,都能让接下来的互动更自在。

2-6 聊天，不能只是闲扯淡

在"建立话题数据库，从此不怕没话聊"一节中提到，我们要成为聊天达人，需要准备别人故事、朋友故事与自己故事三种话题。其中自己的故事是最能拉近距离、制造吸引力的核心话题，因为对方可以通过这些故事看见我们的特质；反过来，我们也可以借由分享亲身经历过的故事展现自身优势，让别人对我们产生好奇，从而进一步与我们互动，甚至累积好感。

当你通过扩展生活圈、尝试新事物并培养观察力、搜集许多故事素材后，就要开始进行精练，将感官元素当成调味料，增添故事的内容与精彩度，让对方有兴趣听下去。这个过程并非一蹴而就，而是需要不断练习再练习。你会发现自己的话题越来越多，从过去"不知要讲什么，只能尴尬地看着对方"，逐渐转变成"能分享的东西太多，得做出取舍"。当你走到这一步，就表示基本的社交场合已经难不倒你了。结交新朋友、一场愉快的约会甚至吸引心仪对象,将不再是遥不可及,或总让你惧怕的事情。然而,这样足够了吗?

我曾经举办过几场联谊活动(与其说是联谊,不如说是通过某些主题活动、游戏,让大家更了解自己,顺便认识新朋友。例如爱情卡桌游①),其中一场让我印象深刻。身为主持人的好处之一,是可充裕地观察到不同成员的状况。

阿宝有着不错的聊天能力,肢体动作、声音表达都表现得大方得体,加上我认出他先前来过我的聊天讲座,所以我特别留意到他。在暖身与分组互动时间,阿宝将故事描述得颇为精彩,如夜宿武陵农场的湿冷、隔天樱花海的美丽,让听众聚精会神、互动热烈。于是我很快转移到其他组,心想阿宝应该轻易就能赢得不少好感,要到对方的联络方式。

一个月后,阿宝向我预约了一次咨询。

"玛那熊,你那天看到我的聊天情况了吗?"

"看到了啊,看得出来你平常练习过,不错!"我给了他一个肯定。

---

① 爱情卡为黄士钧博士(哈克)所设计,属于价值澄清卡片,可用来整理爱情观、择偶条件。除了个人咨询使用,我常以团体桌游形式进行,在玩乐中了解什么对象适合自己。

"但，唉……"

"后续不顺吗？"听到阿宝叹气，我有些意外。毕竟当天观察到的情况蛮好的。

"是啊，虽然跟几个女生交换了社交账号和联络方式，也持续分享了生活故事，但我最多约对方出来一次后热情就慢慢冷掉了。"

"别担心，我们来找出问题、对症下药。"看到阿宝一脸沮丧，我试着鼓励他，并决定运用情景模拟技巧来检测，在建构场景、暖身过后请阿宝开始分享故事。听完后我找到了线索，并向他确认："嗯，你故事说得蛮精彩，但似乎不太提心情、想法之类，对吗？"

"对啊，不是描述故事就好吗？"阿宝不解地看着我。相信这个疑问也浮现在你脑中对吧？

分享故事的目的，在于帮助对方认识你，并发现你的特质、优势。聊天初期，的确会将行为层面的描述设为主轴，促使互动对象看见我们做了什么、如何进行，发生了什么有趣、神奇、独特的事情。然而，这种展现会让认识停留于表层（行为、人际圈、生活模式），阻碍了拉近关系。近代心理学或咨询领域往往从行为、情绪与认知三个方面切入（依照不同学派理论，在比例上略有不同），以对一个人有更完整的了解。

因此，我们若要让对方多了解自己，故事便不能只分享行为、背景，而需要逐渐聊到另外两样元素：心情与心得。

心情让故事更生动

当我们经历某件事情时，必然会产生一些情绪（即使"没感觉"也隐藏着某种感觉，如无聊、淡定、熟悉感）。分享故事时提及情绪，不只让身为主角的你更加凸显，也能让叙述更生动，具有帮助对方身临其境、共同参与的功能。最终，还能达到加深记忆的效果，让你的形象烙印在对方脑海中。别忘了，"你做了什么"只是故事表层，"你是个怎样的人"才是故事主轴。

在提及心情时，若两人关系处于刚认识、互动不多、尚未熟悉的阶段，要以正面情绪为主。正面或负面情绪并不代表"好情绪""坏情绪"，事实上所有的情绪皆有其意义与独特功能。例如，"生气"一般认为具有破坏力，应该尽量避免，但它是最有力量的一种情绪。受到挫折时，生气可能让你蒙蔽双眼、怪罪他人，但也可能成为改变你的契机，转换成"不甘心"而督促自己克服挑战。

又如，"悲伤"（难过、伤心）的情绪也常与脆弱、抗压性低产生联结，它的确会让人心情低落、欲振乏力甚至厌世，但也具有"吸引别人照顾"（激发母性？）的功能。在我的咨询工作中，当个案在洽谈中宣泄悲伤到某个程度时，反而会开始"自怜"，逐渐产生力量与勇气，从谷底慢慢爬起。

再如"害怕"一方面像在说这个人胆小、犹豫不决，另一方面也可能代表谨慎、有自知之明。因此，正面、负面只是一种方便的归类简称，前者较为单纯、主动，后者则偏向复杂、被动，并不是谁好谁坏。但由于双方关系不深，过于复杂的负面情绪容易引起误会，对方可能自行脑补而产生不良印象，故最好先以分享正面心情为主。等双方互动多了，再开始分享负面情绪吧！（该如何评估关系"够近"？别急，我们在第四堂课会谈到。）

表露自己的负面心情有两种：一种是纯粹诉苦，以争取支持、抒发情绪、引发关心为主，建议选可信任的对象进行；另一种则是在一般人际互动、约会吸引中，让对方更了解我们，宣泄心情只是额外功能。这种负面心情的表露，多数人避之唯恐不及，尤其有些崇尚演化理论的流派，最强调男人要阳刚霸气，将负面情绪视为一种懦弱，而男人是不能示弱的。然而，不论男女，适时适度展现负面心情，其实对于关系的拉近都有帮助，因为它有以下五种功能。

1. "出丑效应"

这是社会心理学的一个名词,最早是因为学者想了解完美无瑕的人是否受欢迎。结果发现,表现良好、优点众多但偶尔会出丑、有些小缺点的人,反而更受欢迎。若你在对方面前总是完美周到,反而让人有压力而保持远观。

2. 激情之外,也需亲密

上面那段想必会让有些读者困惑,如果我表现得完美,难道对方不会因为崇拜而跟我在一起吗?搞不好他不觉得有压力呢!的确,霸气完美对有些人的确很具吸引力,然而这属于心理学家斯滕伯格(Sternberg)爱情三元论中的激情,来得快消退得也快。要让感情持久,亲密感是激情外的另一个必要元素,而分享自己的负面心情可以增进亲密。

3. 关心与秘密

为何谈自己的负面心情或者经验,有助于增加亲密感?难过、悲伤、害怕、焦虑、沮丧等情绪,往往能让对方的镜像神经元启动,产生相似情绪。镜像神经元像是人体内的镜子,当我们观察到别人的行为或情绪时,脑内会开启一连串反应,如同在小剧场里"模拟"了一遍。简单来说，我们会对别人的心情感同身受。因此，当对方因为你展现的负面心情，仿佛也亲身经历过后，有可能想帮忙、支持或关心（关系够近的话）。更重要的是，通常我们并不会逢人就提负面心情或经验，因此这等于让你们共享了一个秘密。在互动初期，"我"和"你"是两个完全独立个体，如"我跟你聊天""我和你吃饭"，而"我们"的概念能有效拉近距离，增加一体感。分享秘密、为彼此取只有两人使用的昵称、共同完成某些任务（如约会），都对关系的推进、暧昧营造有很好的效果。

4. 核对自身择偶或择友条件

当你分享负面心情时，观察对方的反应是非常重要的事情，因为你得从双方回应的态度及方式来评估这个人是不是你想交的朋友或交往对象。例如，你想找个愿意倾听你心情、给予你支持或照顾的人，结果对方总是转移话题，或急着分析你哪里做错，那……可就得再三考虑了。

5. 透过示范，引导对方也分享

当我们分享负面心情时，除了表现出自己对对方的信任外，其实也是在示范"这么做是 OK 的"，提升对方也愿意聊自己的负面经验或心情的概率。这对关系拉近可有许多好处了，增加亲密元素，共享秘密促进一体感，且制造了安慰对方的机会（第四堂会教你有效接球但不会变成"情绪垃圾桶"的技巧）。

但我要再三强调，聊负面经验或心情，最好在双方较为熟悉后再尝试进行。且运用以下两个技巧：

1. 循序渐进

分享也要注意程度，别一开始就讲超级悲惨的故事，以及强烈的负面心情，以免突然制造过多压力，让对方 Hold 不住只能逃之夭夭啊！请先从较为轻微、最近或日常中的经验开始，如工作上的小失误、小出丑、没抢到演唱会门票、好不容易放假却感冒之类的。在情绪词汇上也别用得太重，并运用副词来修饰，如"不太舒服""有点感冒""感觉无聊"，避免在还不够熟悉时就用"非常痛苦""特别生气"之类的词句。毕竟，对方不是你的心理咨询师啊，不一定能承受你这么强烈的情绪！

2. "V"型反转

人们喜欢听故事，尤其是英雄冒险事迹。还记得小时候的床边故事吗？抑或是流行文化中的小说、电影，常见的是主角具有某些优异特质，并透过努力奋斗，开创一番丰功伟业。在《千面英雄》（The Hero with a Thousand Faces）这本书中，作者坎伯（Campbell）发现即使这些故事各有特色，但都在谈一个共通议题：人类如何突破生命困境？坎伯也提出了"英雄之路"，用来解析这些英雄的冒险"公式"，若我们用最精简（偷懒？）的说法，英雄故事的套路不外乎如此：

　　他们原本过着平凡生活，因为某些机缘（被人推了一把）不得不跳出舒适圈，尝试挑战大魔王。此时的英雄等级还不够，所以会遭遇失败、跌落谷底，接下来他得突破自己过去的黑暗面，不断地进步成长，加上遇到贵人或情感上的支持（家人、恋人等），以及挑战带给他挫折的人（竞争对手、有权有势者之类），逐渐成为刚柔并济的强者。最后终于打败大魔王，并学习回归原本的生活，但此时的英雄已经截然不同，在未来某一天他将再次踏上旅程，挑战其他困难。

　　你会发现，英雄不是一帆风顺，而是需要经历失败、挫折来锻炼打造的。一段旅程的最精彩之处，莫过于摔到谷底的主角如何重新站起来、反思并克服自己过往的局限，并再度往上爬的情节。因此，若你分享自己的负面经验和情绪，可以提到你所做的努力、尝试，营造出"V"型反转的气势。即使你尚未明显成长或没把握击败魔王也没关系，但要让对方看见你有这个态度，而非躺在谷底、自暴自弃。这种"V"型反转若分享得宜，反而能令对方对你产生许多好印象：不轻易放弃、了解自己的缺点、勇于尝试、喜欢学习、人脉不错（遇到贵人）等，不一定是要很戏剧性的大逆转。

心得让印象更深刻

分享心情能让故事活泼生动，让对方更容易进入你的世界；分享心得有助于让你的"样貌"更加明显，在对方心中留下较深刻的印象。 心得包括你对某件事物、经验或人的看法、价值观、想象等，它在帮助别人认识你，提供线索让对方评估是否要靠得更近、定位彼此的关系。

依恋理论认为每个人因着成长背景及过去的经验，从自己从与别人的互动中学习，逐渐形成"内在运作模式"，它是一系列当我们与外在环境接触时，对自己与别人的认识、看法。简单来说，这套稳定的系统，会影响我们遇到各种人、事、物时的反应，也会使我们形成各种生活习惯、做出选择和判断。因此，除了外显行为，在聊天时分享心得，能让对方逐渐窥见我们的内在模式，换句话说，就是比较"深层"的部分。

前面提到的阿宝，因为他几乎不提个人心情与心得，所以互动对象虽然知道他的生活丰富，却也仅止于此。当我回想起阿宝时，会有个大概的轮廓，但对他的"样貌"模糊不清，也很难想象他对不同事物的反应如何。不知你是否认识这样的朋友，很爽朗、很健谈，但你觉得其实跟他并不熟，甚至有些距离感。相处上虽然没什么问题，要说人也还可以，但对方不会是你的优先选择，你也很难和他分享自己更多的事情。我不论在咨询工作还是私人领域中，都听过、遇到过这样的朋友：虽有光鲜亮丽的一面，身边却存在一堵隐形的高墙。

神秘感对关系前期的吸引，以及中期的暧昧制造，有着相当重要的功效。然而许多人会误用，将自己包装得过于神秘，虽然激发了对方的好奇心，却也无法产生安全感。在依恋理论中，关系基础来自安全感累积，对互动对象的了解、相处，可以帮助我们预测对方的行为、想法、感受，增加我们对这段关系的信任与安全感，并愿意让对方看见更多的自己。因此，在互动初期别太快将自己所有背景、想法、生活全盘托出，而是先分享一些，然后观察对方的反应是否达到你的预期，是否符合你的友好指标，包括对方是否针对你的故事发问，或者分享他自己的故事。这时的互动，要保留部分内容，给对方制造一些想象空间，营造出"未完待续"的氛围，才容易得到下次聊天或约会的机会。因此，分享要以事件本身、正面心情为主，不要事无巨细什么都交代好几遍（通常这会变成独角戏）。

例如，我们分享在花莲海边露营，半夜听到小猫在门口喵喵叫的故事。

我方："刚开始还吓一跳，想说什么声音，结果一开门发现是只出生不久的幼猫。"

对方："咦？单独一只吗？"

我方："对啊，应该是被猫妈妈抛下了。"

对方："好可怜哦，那你们怎么办？"

我方："呵呵，隔天要离开时我们实在不忍心（稍微提及心情），所以就收养啦！现在它变得很漂亮。"

对方："哇！想看！"

这时如果我们急着表现，或习惯满足别人，就会丢出好几张照片，甚至开始滔滔不绝讲自己如何照顾猫咪、买了什么高档罐头、如何布置环境。你如果这么说的话反而使这次的分享变成了平铺直叙、没有惊喜的故事。反之，我们可以这么回应：

我方："收养当天还有段波折，差点就没办法带它回家呢！"

也就是刻意卖关子，制造悬疑、引发好奇，让对方更想知道故事的发展。等对方询问怎么了（上钩）后，就可以继续分享，提及更多心情与心得，并将话题延伸至彼此喜欢的动物、是否养过宠物等。至于对方刚才想看猫咪现在的样子，该怎么回应？**"好啊，我再传照片给你"**或**"我周末回家拍一张给你看"**，留个伏笔，不必立即满足对方。若你们关系持续加温，猫咪也会成为未来邀约的理由（陪买猫用品、宠物展、来家里做客等）。

要记得，互动后不论是因为你的引导，或是对方本身就很积极，当你发现互动越来越顺利后，聊天的内容也可逐渐加深，提及个人在某故事或经验中的心得，甚至是负面情绪。关于友好指标的判断与运用，第四堂会有更详细的说明。

实际演练：正面情绪描述练习

在分享故事中的心情时，很容易出现的状况就是词汇过少。通常我们都只会讲"很棒""不错""蛮开心的""有趣"，实在太笼统且空泛。因此，练习扩展个人的情绪数据库，对我们说出精彩故事有相当大的帮助。

请先回想最近一次愉快的生活经验，并找出一个心情方面的词来形容当下的感觉。接着，尽量找出相似或更精准的词汇，并且练习延伸为句子。刚开始延伸情绪描述时，想到什么就记录下来，再进行整理、提炼，让原本的故事更精彩。

范例

故事简述	三月中旬,朋友帮我过生日,大家突然拿出礼物盒要我现场拆开。原来里面是朋友们集资送的手机,而且是我很想要的款式。
核心情绪	开心
延伸描述	出乎意料
	惊喜
	原本以为只是吃饭,想不到大家这么用心
	感动
故事重述	三月中旬朋友帮我过生日,原本以为只是单纯吃饭,突然大家拿出礼物盒。拆开后我整个吓到!你猜是什么?(略停顿)里面竟然是他们集资送的手机,还是我很想要的款式。当下我觉得很惊喜,因为真的出乎意料,而且也很感动,朋友这么用心,觉得有他们好幸运。

练习

故事简述	
核心情绪	
延伸描述	
故事重述	

📝 实际演练：负面情绪描述练习

比起正面情绪，我们对负面情绪的认识更少，尤其对男生来说更是如此，好像不该有似的。通常我们在描述时只会讲"难过""不爽""心情差"，这样很难让故事精彩。

请先回想印象深刻的负面经验，并找出一个关于心情的词来形容当下的感觉。接着，尽量找出相似或更精准的词汇，并且练习延伸为句子。刚开始延伸情绪描述时，想到什么就记录下来，再进行整理、提炼，熟悉不同心情词汇的差异。另外，我们也要试着从中找到转折，以进行"V"型反转。

范例

故事简述	参加摄影比赛,我选了张觉得很不错的照片投稿,却连入围都没有,觉得自己是菜鸟。
核心情绪	失望:原本以为能得奖,结果却是没入围。
延伸描述	生气:为什么没有选我的? 怀疑:会不会是我技术真的比别人差? 难过:可能我真的没有天分。 沮丧:难道说该放弃摄影了?
故事转折	但后来想想,当初我接触摄影,是因为想将感动的画面留下来,有没有得奖其实不是最重要。所以我还会继续摄影,也在上一些培训课。
故事重述	参加摄影比赛,选了张觉得很不错的照片投稿,我对自己的作品很有信心,也抱着很高的期待。后来得奖名单出来,你猜我的名字在哪一栏?(略停顿) 根本没有在名单上……连入围都没有,当下我觉得很失望,也怀疑自己是不是很差,该不该放弃摄影。但后来想想,当初我接触摄影,是因为想将感动的画面留下来,有没有得奖其实不是最重要。所以我还会继续摄影,也在上一些培训课。(观察对方反应) 我帮你拍一张,你来当评审,拍得好请你喝饮料!啊,这样好像是贿赂。

练习

故事简述	
核心情绪	
延伸描述	
故事转折	
故事重述	

第三堂

中级班
拉近距离的"说问听"三元素

你在演讲，还是聊天？

我们在第二堂讨论了如何建立、提炼属于你的故事数据库，拿来当作聊天话题，并运用文字描述、声音、肢体、表情等武器来表达。然而，这只是聊天之旅的一半而已。

"讲太多"让你与人互动总是高开低走

Jason 几年前找我咨询，他坐下来后，开始介绍自己的背景、生活，述说许多他为了拓展人际、结交伴侣而做的努力。包括培养烹饪兴趣、跟朋友去潜水（甚至打算考证照）、去年留职停薪两个月跑到兰屿打工换宿的点点滴滴。受心理咨询训练影响，眼前的咨询者"说了什么""如何说"都是我用来找出对方盲点的珍贵线索，于是我静静聆听了十五分钟。

"Jason，"我喝了口水打断他，"我想请你谈一下遇到的困扰是什么。"

"哦，就是我自认生活丰富，表达技巧也不差，"这倒是真的，Jason在非语言信息的部分掌握不错，"可是不管跟男生或女生，互动起来总是高开低走。刚开始他们对我会好奇，主动找我聊天，但之后就越来越冷。像有一次我参加朋友间的爬山团，那次我们去了……"

"OK，你先休息一下，我大概抓到原因了。"这次，我可不打算再听十五分钟，毕竟要在剩下的时间帮助Jason搞定问题。

听到我这么说，Jason露出狐疑的表情，欲言又止。

所谓旁观者清，或许你也发现了些许不对劲。Jason的丰富故事与表达能力是他的优势，同时也隐藏着一个盲点。当时坐在他对面的我，有种听演讲的感觉，与一般咨询者快速描述困扰不同，Jason滔滔不绝地讲着自己的过往经历。当我请他回想与新朋友聊天时的情境，得到了"跟刚才好像差不多"的答案。这让我更加确认，Jason在人际与爱情中总是高开低走的主因，就是**"讲太多"**了！

说个不停的负面影响

聊天的精髓是"互动",若只顾着自己讲故事,就变成了单方面的演讲,甚至更糟,像台播放器!这种单向的聊天,会带来以下几个坏处:

让对方感到无聊

回想你求学时期的经验,台上老师不断说话,但没有停顿,也没有设计问题让学生思考、回答,是不是会让你精神越来越涣散?让人要么想打瞌睡,要么已经开始溜号,想晚餐吃什么,甚至拿出手机开始玩。当我们单纯地成为"接收者"时,注意力很难长时间集中,且会因为缺少参与感而无聊。

产生"自我中心"

当你述说的内容都是"我上次""我觉得""我跟你讲",让对方无法反应、分享自己的经历时,很容易让人觉得被忽略、不被重视,便不知不觉为你贴上"只顾自己"的标签。

无法了解对方

不断分享自己的故事，虽然可以让对方快速留下许多印象、越来越认识你，同时也出现了"你无法认识对方"的尴尬局面。建立关系是一个互相选择、调整距离的过程，若你无法了解对方，对方又怎么决定要靠得多近呢？

聊天变成演讲的原因

由此看来，单方面分享（严格来说不能称为聊天）是聊天大忌，却容易出现在人际或爱情互动之中。发生这种情况有以下几个原因：

原因一：过于紧张

虽然我们学习了聊天技巧，但真正上战场运用时，难免还是会紧张。"对方会不会没兴趣？""我的故事是否太无聊？""刚才的话题好像转得很硬，怎么办？"诸如此类的焦虑，除了会让声音与肢体不自然，也会限制我们的认知能力，讲白话就是脑袋变钝（太多资源用于烦恼与担心），从而变成滔滔不绝自顾自地说着自己的事。

破解：把每一次互动都当成一种"练习"而非"考试"。练习本来就不可能完美，重要的是累积经验并在事后找出可以再进步的地方。

原因二：练习失衡

不少来参加课程的学员原本都是很木讷、从不爱主动交谈的人，自从破釜沉舟开始学习聊天后，逐渐愿意与人攀谈，也因为获得越来越多的聊天技能，每次与人互动都想尽量发挥学习效果。这原本是件很棒的事，因为聊天能力与经验息息相关，练习越多对提升聊天能力越有裨益。但如果只偏重"分享"的练习，而忽略了"发问"与"聆听"，会让你的聊天模式逐渐固定，甚至习惯唱独角戏。

破解：在建立话题数据库时，也将"问题"一并设计进去，实际互动时就不会只有故事可讲，还能发问。

原因三：缺乏自信

或许你会困惑，那些一直分享自己的故事、展现自我优势的人，明明一副侃侃而谈、光鲜亮丽的样子，怎么会缺乏自信呢？心理学大师阿德勒认为，人的行为皆有其目的，我们要探究的是表象背后隐藏的动力。一个滔滔不绝说着"我如何"的人，仿佛在呼喊"请大家都看着我""我需要你们的目光与掌声"。然而有自信的人,并不需要利用聊天引起别人的关注与掌声,他们反而想多了解对方,与人建立一段自在平等的关系。

破解:与人互动的目的在于分享自己生活中的有趣故事、生命中的独特经验,而非讨好或赢得掌声,并在聆听别人故事的同时,拓展自己的眼界。

3-2 除了故事，你还需要问题

既然我们知道不能把聊天搞成演讲，那该如何制造良性互动呢？"问问题"就是最简单的方式。其实，绝大多数人并非"想不到问题来问对方"，反而是"问题太多"及"问错方式"。

Kevin 在一间工业风装潢的咖啡店，正等着约会对象 Nancy 出现。双方几天前在交友 App 上认识，恰好老家都在板桥，又是同一所小学毕业，很快就搭上了话。虽然交换了社交账号，但他们互动不多，因为周五休假，便顺水推舟约了今天见面。

"哈啰，我是 Nancy。"鬈发俏丽的女生发现了 Kevin 并坐了下来。

"你好，我是 Kevin。"在简短寒暄并点了饮料后，Kevin 开始尝试聊天。

"Nancy，你现在做什么工作啊？公司在哪？是通勤上班吗？还是租房子？"

Nancy 微微皱眉，但还是回复了对方的问题。

"那你毕业后就一直在做这份工作吗？做多久了？"

Kevin 没有发现对方脸色已不太好，仍然像端着机关枪开火似的问题连发。Nancy 的回复更加简短，很明显她希望尽快结束这种对话。

"你平常放假都做什么呀？" Kevin 终于不再问工作，但还是丢了问题过去。

"呃，通常是逛街吧。"

"去哪里逛街？"

"信义区……"

"跟谁去？是很熟的朋友吗？" Kevin 像警察上身，在为 Nancy 做笔录。

"呃，不好意思我去一下洗手间。" Nancy 快速起身，走去厕所的路上忍不住翻了白眼，思考着该如何脱身。

不是光问就好，小心踩到地雷

像这样的互动模式，我相信不少人也有类似的经验（不论你是 Kevin 或 Nancy）。虽然"发问"了，却踩到了两个地雷：

地雷一：问题太多

不断讲自己的故事会让对方觉得无聊，但不停地问问题则会让人感到极大的压力。问题连发虽然会有互动，但也会让当下情境像是在"面试"或"做笔录"，仿佛被迫做个人或家庭调查：回答觉得不自在，不回答又怕尴尬。在这种两难又有压迫感的气氛中，对方自然不想继续聊下去。会这样连珠炮发问的人，通常是过度紧张加上没有准备好话题数据库，想不出自己能分享什么，所以只能不停发问。

地雷二：内容过深

在一般人际与爱情关系中，热度通常是逐渐加温的。假设将关系视为一条横轴，最左边代表零接触的陌生人，最右边是浓得化不开的灵魂伴侣，中间还存在许多"关系状态"。互动最重要的是双方对关系的认定接近，如 Nancy 主观认为这段关系处于"刚认识，还不熟悉的朋友"，所以 Kevin 的发问也只能差不多在这位置。还记得上一堂提到，分享的内容要由浅至深吗？发问也是同样的道理。"工作多久了啊？""跟谁去？是很熟的朋友吗？"这种问题，对刚刚认识的双方来说，已经明显越界了。

当然，为了让关系逐渐升温，你可以"多做一些"，刻意用稍微深入一点的问题测试对方的反应。若对方很自然地回答，且并非一句话带过，就可视为"我们关系可以更往前"的线索；如果对方只是点到为止或是转移话题、打哈哈闪躲，那代表时机未到，他并没有想跨这么大步。而且，这时千万别再打破砂锅问到底（以免被呛），改问浅一点的问题，让气氛再度回归自然。

聊天不是做笔录，问题太多会踩到雷

设计"好"问题，制造更多互动

那么，我们该如何准备"好的问题"，让双方有更多互动，也帮助我们更了解彼此呢？从形式、目的与预期回应来看，问题可分为以下三种：

1. 封闭式问题（判断题）

"你住在台北吗？"（是／不是）

"你喜欢看电影吗？"（喜欢／不喜欢）

"你去过外国吗？"（有／没有）

"你周末要工作吗？"（要／不要）

诸如此类的发问，就是封闭式问题，如同考卷上的判断题，对方在第一时间仅能回复 YES／NO。这种问题可以快速让你确认某些信息或状况，也让对方很容易回答，但最大的缺点是回应的内容过于贫乏，而且很容易聊不下去。更糟糕的是，如果你连续使用，不停要对方回答 YES／NO，往往给互动对象带来一定的压力，把气氛搞僵。

要避免这种窘境，可以将判断题调为"选择题"。例如：

"你住台北还是新北呢？"

"你比较喜欢看电影还是逛街啊?"

"你去过日本或韩国吗?"

"你周末经常工作还是放松?"

也就是说,设计两个至三个选项让对方选择一个回答,并且选项可以是相近的(台北／新北、电影／逛街),也可以是相异的(日本／韩国、工作／放松)。你可能有个疑问,如果对方两个都不选怎么办?他可能不住台北,也不住新北啊!或者他没去过日本,也没去过韩国呢?

别人以为判断题或选择题,是为了"猜中"对方的状态,让对方以为你很懂他。的确,在所谓"冷读术"①技巧里,会借由猜中对方的信息、背景来增加熟悉感。但封闭式问题最主要的用意,其实并非单纯猜测,而是获得信息及延伸话题。即使你提供的两个选项都不符合对方状态,例如:

"你去过日本或韩国吗?"

"都没有耶!"

只要再补上一句"那你去过哪个国家啊?"即可(稍后会介绍这类问题)。因此,封闭式问题尽量不要单独使用,而是用来

---

① 冷读术是一种常见的互动技巧:主要透过"细微的观察""模棱两可的叙述"或是"罐头提问、样板句子"创造出让对方觉得"这个人怎么这么懂我"的感觉,进而拉近距离。然而在真实互动中需要留意,以免因使用不当给人浮夸、嘴炮的负面印象。

搭配其他问句使用的。

2. 简答式问题（填空题）

"你住哪里呢？"（台北／板桥／中坜／竹北／高雄……）

"你喜欢哪种类型的电影呀？"（无脑爽片／恐怖片／科幻片……）

"你去过哪些国家呢？"（日本／韩国／意大利／冰岛……）

"你周末打算做什么哩？"（跟家人出游／在家追剧／补眠……）

诸如此类的发问，就是简答式问题，像是考卷上的填空题，让对方回复一个或数个答案。这种问题不难回复，且得到的信息通常比封闭式问题稍多，延伸话题也比较容易。更棒的是，它可以与判断题或者选择题相互搭配，减少冷场和尴尬的概率，就如上段的示范，在你的封闭式问题让对方无法作答时，用以继续互动。

看到这里你应该已经发现一个关键，不论是封闭式问题还是简答式问题，单独使用的效果并不良好，交替使用成为一个组合会更好：

"你比较喜欢看电影，还是逛街？"（封闭式）

"看电影。"

"哈，跟我一样。最近你看哪部电影呢？"（简答式）

"上周末看了《缩小人生》。"

"你觉得好看吗？"（封闭式）

"不是我喜欢看的类型耶！"

"啊，我看预告还以为很不错……那我就不去看了，还能省下40元电影票钱！"

"哪来这么便宜的票呀？"

"信用卡优惠啊，你该不会都买原价吧？"（封闭式）

"呃，是啊！"

"亏大了。不过说到电影，我倒觉得前几年有一部很棒。你听过《星际过客》吗？"（封闭式）

"没有呀！是演的什么呀？"

"……（电影介绍＋个人心得）"

"听起来真的蛮有趣耶！"

"嘿，换你推荐心目中的神片了！"（简答式）

在以上的例子中，你会发现不能只有单方面发问，也要融入上一堂的"故事"，甚至是"心情和心得"，才能引发对方的好奇心，并制造互动（让对方也发问）。但是，若你想让聊天更进一步，还需要最后一种问题形态：开放式。

3. 开放式问题（论述题）

"你住的地方怎么样啊？"→那边特别偏僻啊，不过好处是……

"你觉得那部电影最精彩的是什么？"→主角超帅，啊，还有结局整个大逆转……

"你觉得京都怎么样啊？"→整个很古色古香啊，尤其我们还穿和服拍照了……

"你们周末要去宜兰呀，打算怎么玩呢？"→我们要去南方澳渔港，听说那里……

诸如此类的发问，就是开放式问题，如同考卷上让人一个头两个大的论述题，对方得用几句话甚至一个故事来回应。这种问题较难回答，尤其在两人尚不熟悉时，会影响对方的回复意愿，最糟的情况是被问的人只用简单一句话、一个词带过，而回答的人却要说不少。因此，在使用开放式问题前，不妨先运用封闭式、简答式的问题组合来暖身。

开放式问题的优势在于，能得到最丰富的信息与故事，不但能大幅增进你对他人的认识，也易于从中找寻话题，让你们继续聊下去。当然，这也代表你在"问"完后，需要运用"听"的能力。别担心，之后会详细说明。

开放式问题的核心，来自 What、How、Why，加上 How about 共四种元素，例如：

"你住的地方如何呢？"（How about）

"你觉得那部电影最精彩的是什么？"（What）

"京都怎么样啊？为什么？"（Why）

"你们周末要去宜兰呀，打算怎么玩呢？"（How）

只要运用好这四个元素，你也可以轻易设计出许多开放式问题，并且与封闭、简答式问题搭配运用。

What 问句的特殊用法

关于发问，网络上有一派说法认为不要使用"为什么"（Why），而是用"是什么"（What），例如："比起爬山，为什么你比较喜欢去海边？"改为**"比起爬山，是什么让你比较喜欢去海边的？"** 理由是，"为什么"容易让人有被质问的负面情绪，"是什么"除了较温和外，也让对方容易具体回答。

其实这种说法与心理咨询有密切关联。咨询技巧书籍中，经常提出这样的建议，鼓励心理咨询师与个案洽谈时，多用"是什么让你有这种感觉""是什么让你决定这么做的"来取代"为什么"问句。然而，不论在咨询工作或日常聊天经验里，我都发现

"是什么让你……"句子未必有原本预期的效果。因为早期提倡此观念的咨询书籍,作者多是欧美语系出身,再由出版社买下版权翻译,"是什么让你……"的句子,并不是我们文化的习惯用语,反而易让个案或互动对象感到困惑、不自在。

因此,若在聊天时使用"What",需要做点调整。

1. 开头 + 句尾

以"是什么"开头不符合一般口语习惯,但置于后方就会顺畅些,例如:

"你觉得这家店最独特的餐点是什么?"

"你这次露营,最有趣的是什么呢?"

也就是用"What"来问故事内容、信息,而非原因、理由(用"Why"询问原因、理由才符合口语习惯)。

2. What → What happened

适用于"观察／得知对方某些事情,想进一步了解"的情境。诀窍是先描述发现或接收到的信息,再用"怎么了／发生什么事"(What happened)进行发问。例如:

"你今天气色看着特别好,有什么好事发生吗?"

"你刚说你们去渔港,但一下就闪人了,怎么了?"

3. What → What part of…

当你想更多地了解对方的故事细节，或是打算将话题带得更深入，触及"想法""观点"等内在元素时，也可以运用"什么部分"（What part of）的问句。例如：

"真好，竟然去看首映会了。这电影的哪些部分让你特别想推荐给别人啊？"

"哇，去宫古岛好特别！旅程中的哪一段让你印象最深刻啊？"

"我也很喜欢跟Tim聊天……那你觉得，他什么特质最吸引人呢？"

至于"为什么"是否真的会让人感到被质问、有压力呢？留意不要连续发问（中间需穿插分享），并且借由让语调略微上扬，就能展现出"好奇"而非"质疑"。因此，只要掌握这两个技巧，在聊天中想知道"为什么"时，就大胆问吧！

问题的形式、功能与适用情境

类型	形式	元素	优点	注意
封闭式	判断／选择题	有／没有 是／不是 喜欢／不喜欢	快速确认	避免单独使用以免造成压力或容易被冷场
简答式	填空题	哪里 哪些 哪种	快速搜集信息	穿插分享自己
开放式	论述题	What Why How How about	取得丰富信息延伸话题	先透过前两种问题暖身，并结合"听"的能力

✏️ 实际演练：好问题设计单（范例）

	我想聊的主题：海外旅游经验
封闭式问题	喜欢旅游吗？ 去外国玩过吗？ 跟团还是自助？ 租车自驾过吗？ 住民宿，还是酒店？ 听说那间店很难排队，后来吃到了吗？
简答式问题	去过哪个国家？ 最想去哪个国家？ 你去了哪些景点？ 吃到了什么好货呢？ 看到了什么呢？ 你们逛了多久？
开放式问题	自助蛮厉害耶，当时行程怎么规划的呢？ 好像不错，那个景点如何？ 这趟旅行你最推荐的是什么？ 听起来很特别，吃起来味道怎样？ 为什么决定去那边呢？ 为什么想去那里？

✏️ 实际演练：好问题设计单（练习）

我想聊的主题：	
封闭式问题	
简答式问题	
开放式问题	

组合技：不再被冷场的 QSQ 技巧

Jerry 正在跟上周新来的同事 Cathy 用 Line 聊天。第一天见面时，Jerry 就对她有好感，也因为工作有交集趁机交换了 Line。希望找机会拉近双方距离。

Jerry："可惜，如果你早来公司一个月，就赶上员工旅游了，我们今年去了京都。"

Cathy："是啊。"

Jerry："对啊，我觉得金阁寺超美的，还去了伏见稻荷跟奈良，那边的鹿特别多，而且特别可爱。不过那个 David 倒是被鹿追着要仙贝吃，特别好笑！"

伴随这句话，Jerry 传了五六张旅游照片，猜测这样能引起对方回应。

Cathy："嗯嗯，不错啊！"

因为 Cathy 的反应不如预期强烈，让 Jerry 陷入不知该怎么继续聊的窘境。

其实不少人会遇到类似状况，也就是俗称的"冷场尬聊"，这种难以接话的尴尬场面的确是互动中的"大魔王"。现在，你已经掌握了故事与问题，该如何发挥最大效益，降低被冷场的概率？答案就是，设计你的 QSQ 组合技，让聊天更顺畅。这个技巧由"Fake-Question""Share""Real-Question"（虚假提问、分享、真实发问）构成，帮助你大幅提升双方的互动，请务必尝试。

Fake-Question（虚假发问）：刺激好奇心的虚假发问

我们要"说故事"时，别急着"开门见山"讲个不停。正如电影上映前运用预告片来炒热气氛、制造吸睛效果，我们同样可以运用"虚假发问"来聚焦目光、引发好奇，为随后的故事做足预告。

因此，虚假发问并非真的要"问"对方。换句话说，对方有无回答及回复内容其实并非重点，营造暖身并勾起他想听下去的兴趣才是目的。虚假发问建议用封闭式或简答式即可，因为它只是一个快速开场，目的是让对方容易反应，若用开放式就显得拖泥带水。

"你吃过干式熟成的牛肉吗？"

"你去过清境农场吗？"

"你上周末出去玩了吗？"

"你们今年中秋节也有烤肉吗？"

对方的反应通常会有三种：

正面反应，但一般很简短

例如，"有啊""去过"之类。这时你可以用个转折句，然后准备分享故事。

范例1：

我方："你吃过干式熟成的牛肉吗？"

对方："吃过啊。"

我方："**看来你也是小吃货啊**，我前阵子跟朋友去台中新开的牛排馆，那家店……（分享故事）"

范例2：

我方："你上周末出去玩了吗？"

对方："出去玩了。"

我方："**哈，果然不宅**。我周日也跟家人去了趟清境农场，本来……但是……（分享故事）"

正面反应且比较丰富

如果对方的答案是 YES，而且分享了一些内容怎么办？这不是虚假发问而已吗？别紧张，若对方主动提了自己的故事，那不是很棒吗？你可以选择先和对方聊他提出的话题，之后再找机会回到原本要分享的事情。当然，若你想直接讲自己设定的内容也可以，但要留意频率太高容易让人觉得"只顾着讲自己的事情"，甚至给人"以自我为中心"的负面印象。

范例 1：

我方："你吃过干式熟成的牛肉吗？"

对方："吃过啊，上个月生日才跟朋友去吃了教父牛排，真的好吃耶！"

我方："哇，你也去过啊，那你点了什么？"（用简答式问题接对方的故事）

或"这么巧，我是上周去吃的，那天点的是……（分享故事）"

或"哇，听说过，好像是家很棒的店哦！我自己是上周吃了 A Cut，当天……（分享故事）"

范例 2：

我方："你上周末出去玩了吗？"

对方："出去玩了，我自己安排了一个小旅行，住在宜兰一家很有特色的民宿。"

我方:"哈,不错啊,有什么特色呢?"(用开放式问题接对方的故事)

或"我也很喜欢宜兰啊!你住哪一间呢?"(用简答式问题接对方的故事)

或"我也觉得宜兰很适合短期旅行,之前住过一间也很特别的民宿,是在……(分享故事)"

负面反应且简短、无反应

如果对方的回复是"没有""不知道",千万别焦虑以为自己被冷场。既然它叫作虚假发问,就表示收到这种负面反应也无所谓,不会影响接下来的互动。而且,对方没有这个经验,反而让你的故事更有机会勾起好奇与兴趣!这时,就大方聊你准备的故事吧!

范例1:

我方:"你吃过干式熟成的牛肉吗?"

对方:"没有。"

我方:"那我一定要给你推荐!我上周给朋友庆生,去台中新开的牛排馆,那家店……(分享故事)"

范例 2：

我方："你上周末出去玩了吗？"

对方："……"

我方："我周日跟家人去了趟清境农场，本来……但是……（分享故事）"

当然，你不需要每个故事都先用虚假发问，这样会让对话过于累赘、刻意。依照我的经验，越长（内容细节多）、越重要（能有效展现你的优势），或者越独特的故事，越需要运用虚假发问来暖身。

Share（分享）：分享才是聊天的初衷

小学时，我们期待下课的那十分钟，可以跟同学聊昨天的动画片、杂货店抽到的奖品等日常生活。

回家后，我们会一边吃晚餐，一边跟爸妈讲述学校的生活、班上发生了什么事。

用虚假发问方式快速开场、暖身后，接着就是你的主秀时间。聊天有许多目的：增进沟通、拉近关系、加深认识、吸引对方，但我认为"分享生活或生命中的有趣经验、美好事物"是最重要的初衷，正如我们会经常和同学、玩伴、家人、朋友很自然地互动那样。让对方认识你,并走进你的世界吧!运用第二堂学到的创造、整理与建立、精练故事技巧,在聊天中分享故事,并非只是提供信息(尤其别说太多对方 google 就能找到的东西)。

过去,旁人对我的印象讲好听是内敛木讷,直白点说就是内向害羞。大三那年,我开始决定改变并学习聊天,幸好有门通识课得在期末分组报告。若是照以前的习惯,我总是在处理幕后文书工作,找数据、做简报之类,这次我给自己设定了一个挑战:负责上台主讲,训练自己的胆量。虽然凭着一时冲动自告奋勇,但毕竟已经宅了好几年,所以不夸张地说我焦虑了大半个学期。

期末报告当天,我带着黑眼圈进入教室,前一天晚上根本睡不着。前一组的内容我几乎没有听进去,只担心着"怎么办,快要轮到我了"。上台介绍的主题是我提议的奇幻文学,因为当年超爱的《魔戒》(指环王)电影三部曲刚结束,加上一直接触"魔法风云会"①纸牌游戏,所以我对于报告内容颇为熟悉。然而,台下五六十位不认识的人,仍然让我双腿微微颤抖,呼吸急促,瞬间脑子一片空白。我不知道该怎么办,只好深吸一口气,接着,

---

① "魔法风云会(万智牌)"是一款源于美国的纸牌游戏,由华盛顿大学教授设计,已有二十五年历史,可以说是纸牌游戏的头一款。专业的设计团队每年都会固定发行新的卡片,充满奇幻文学(精灵、龙、魔法等)元素。除了精美的插画、严谨又富于变化的玩法外,背后也会有详细的故事架构,并举办过多种不同层级的比赛。

一个念头闪现脑海："不就是把喜欢的东西分享给大家吗？"

伴随着这个念头，我觉到肩膀没那么紧绷了，焦躁情绪也逐渐缓和了。是啊，我是来跟别人分享奇幻文学的，一个我接触许久并且很喜爱的东西，哪来这么多担心与烦恼呢？于是我打开了PPT，用一张张图片与影片介绍我喜欢且熟悉的主题。三十分钟很快就过去了，台下有三位同学举手发问，于是我们又讨论了五分钟才结束报告。

"嘿，你真的很喜欢那个什么魔法牌吗？"组员在我下台后问我。

"对啊，怎么了？"

"你刚刚讲得很嗨啊，我听得都想玩玩看了！"

听她这么一说，我发现刚结束报告的自己心情很愉悦，甚至有些兴奋，不只因为完成了挑战，还因为分享了很有趣的内容。分享是快乐的，可以带给别人新的见识、经验与好心情，这不就是我们前面提到的"自我扩展"吗？人们喜欢通过互动，从对方身上学到更多的东西。

所以，扩展你的生活经验，准备动听的故事，然后分享给对方吧！当你带着"分享"的信念，许多烦恼将显得不再重要："他会不会没听过这个？""他是否对这东西没兴趣？""我应该先知道他喜欢什么吗？"

嘿，亲爱的，你要做的是将好东西与对方分享，而不是讨好别人或让人觉得你有多了不起。别让这些担心阻碍了你与他人互动。当你分享故事时，一定要记得不能像演讲一样，中间得穿插一些小提问，让对方参与到对话中。也就是在分享过程中持续使用几个虚假发问：卖关子让对方猜测，引发更多好奇，让他对你的故事有回应，如果对方是负面回应（没有、不知道、没听过），也不需过度担心，请继续分享吧！

Real-Question（真实发问）：邀请分享的真实发问

虚假发问的方式能引发别人好奇，当你分享故事后，若对方属于善于聊天的人，通常会衔接你说的话或发问；但如果对方没有主动回应，对话就会戛然而止，双方陷入不知再说什么的窘境。为了避免冷场尴尬，我们可以主动出击，在分享后丢出一个问题，让他接话。也就是针对刚才的故事，邀请对方也分享他的故事。这么做的目的有二：

认识对方

正如运用说故事来让别人认识我们一样，对方的故事也会让你更加了解他，这样可以更好地评估对方是否适合继续靠近、来往，甚至对方有没有符合你所设定的伴侣、朋友等条件。

延续对话

只说不问或只问不说，严格来说这都无法算是互动，这种聊天模式的吸引效果不佳，甚至可能会使对方不想再跟你聊天。所以，真实的发问可以避免你一个人唱独角戏，鼓励对方和你积极互动。

那么，若对方接了你扔出的话题，开始回应你了，怎么办呢？你可以针对他的故事内容再问一下，或是分享你类似的故事，这部分在下一节会更详细地解析。我们先来思考，如何设计你的真实发问？首要原则，就是与你的故事有关。

你喜欢逛夜市吗？几年前的一个春节，我临时起意约了朋友去逛台中逢甲夜市，结果人多得可怕，嘈杂的声响充满了整条街道。用寸步难行来描述还不够贴切，我几乎是被人潮推着往前走，不夸张地说，真的有种站在输送带上的感觉。结果没吃到什么东西，肚子特别饿，我们就赶紧逃离现场去吃了火锅，真是太难忘了。

假设这是你的故事，接下来你会向对方抛出怎样的真实性问题：

A. 你最近看过电影吗？
B. 你喜欢吃什么类型的食物啊？
C. 你也去过逢甲夜市吗？
D. 你有没有遇过这种被挤爆的经验？

真实发问和正面回应的接话方式

"你最近看过电影吗？"是最不好的发问，因为牛头不对马嘴，你问的跟刚才说的故事完全没有关联，会让对方感到错愕，不知道你要干吗（这种神秘感是负面的，简单说容易被当作怪咖）。

"你喜欢吃什么类型的食物啊？"也不是很恰当，虽然在故事中稍微提及了吃东西，但关联性仍然过小。若想问食物，那刚才故事就应该聚焦在你吃的东西上。

后面"你也去过逢甲夜市吗？""你有没有遇过这种被挤爆的经验？"与故事的关联性高，可以任选一个作为真实发问，制造互动机会。当对方给予正面答案（例如，看过啊、蛮喜欢逛的、上次去跨年也超多人）后，便可继续用简答式或开放式问题来邀请对方分享。

范例1：

我方："你也去过逢甲夜市吗？"

对方:"去过啊。"

我方:"哈,应该没像我一样傻傻地过年去吧?"或是"那你觉得那边什么好吃?"

范例2:

我方:"你有没有遇过这种被挤爆的经验?"

对方:"上次去跨年也超多人。"

我方:"你在哪跨的年?"或"哇,那是怎样的情况?"

若你实在没准备问什么,拿前面的虚假发问来用也是可以的(但不建议)。

我方:"你喜欢逛夜市吗?"

对方:"蛮喜欢逛的。"

我方:"那你觉得本地最好的夜市是哪一个?"或"有推荐的吗?"

记住,真实发问也适用上一节的问题组合技巧,你拥有封闭、简答、开放三种问题类型作为你的武器,不妨交替使用。看到这里,你可能有个疑问:事情会这么顺利吗?

破解负面回应

前段的范例是假设一切顺利,对方给予正面答案,但现实中不会总是理想状态，可能会遇到这类负面回应："没有""不喜欢""没兴趣""没听过"。当下你心里可能会呐喊："我还是冷场了啊！""玛那熊救我啊！"或打算到我的粉丝专页下面去抱怨。先别急，我来帮你搞定这种状况。

面对负面回应，有三种策略：

1. 平行扩大焦点

前面提到，真实发问与故事关联性要高，但若对方给了负面答案，我们就得将原本问题焦点扩大，增加打中对方经验的概率，换句话说就是降低问题与故事的关联性，从一开始的百分之七八十降为百分之五十左右，甚至更低。

我方："你也去过逢甲夜市吗？"

对方："没有。"

我方："聪明，没有去人挤人。那你去过哪个夜市呢？"→焦点从逢甲夜市，扩大到全台夜市。

或："还好你没去跟着挤。那你去过台中哪里呢？"→焦点从逢甲，扩大到台中。

已经逐渐成为聊天老手的你，想必又突破盲点了："那如果他还是说没有怎么办？"很简单，再度降低关联性、扩大焦点！

我方："还好你没去跟着挤。那你去过台中哪里呢？"

对方:"没去过台中……"

我方:**"咦,台中好玩的地方很多,我上次还跟朋友去东丰绿色隧道骑脚踏车了。那你最近有没有去哪个县市呢?"**→焦点从逢甲、台中到整个地区。

对方:"最近没出去玩耶!"

我方:**"也是,最近天气比较不好。那有计划今年去哪里玩呢?"**→焦点从过去扩大到未来。

以上范例就是焦点的平行延伸,可以是地点(逢甲在台中,台中在台湾),也可以是时间(过去经验、最近行程、未来计划)。

2. 垂直扩大焦点

另一种武器,是将焦点转到较为深入的话题,如对方的想法、感受。换句话说,我们改用开放式问句来进攻,让对方可回复的内容较为自由。

我方:**"聪明,没有去人挤人。那你去过哪个夜市呢?"**

对方:"不喜欢去夜市耶。"

我方:**"咦,为什么呢?"**→焦点从出游经验扩大到想法、习惯。

对方:"不是特别喜欢小吃类的东西。"

我方:**"哈,我倒是很喜欢夜市食物,尤其是猪血糕,一定要配花生粉。那你喜欢哪类食物呢？"→因应对方的回应，焦点转到美食。

这两种扩大焦点的技巧可以交替使用，来看下面另一个例子。

我方：（说完故事后）"你呢？去过逢甲夜市吗？"

对方："没有。"

我方："那最近去哪里玩了呢？"→平行扩大焦点，从固定景点到任意地点。

对方："没出去耶。"

我方：**"咦，是太忙了吗？我去年因为转换跑道，有阵子也几乎没出门。"**→垂直扩大焦点到生活状态。

对方："嗯，也还好……"

我方：**"怎么了？"**→垂直扩大到想法或心情。

这边要提醒的是，上面那句"怎么了"带有询问对方隐私的意图，也就是问得较为深入。建议双方需先有一些交情，或是前面的互动还不错才使用，若是初次见面，且对方一直爱理不理，千万不要越问越深，以免造成压力。

3. 重新选择焦点

那么，若是没那么熟悉的对象一直给予负面回应，怎么办？例如，你在分享完故事后，先从"你呢？去过逢甲夜市吗"？开始进行真实发问，但对方并没有接，被冷场后扩大焦点为"那最近去哪里玩了呢？""是太忙了吗？"却持续冷场，对方都是又冷淡又干脆地回你"没有"两字，场面一度有些尴尬。这时，就可以合理怀疑对方对这个主题没有什么兴趣，请回头从刚才的故事里，重新选择另一个主题来开启对话。

回到前面关于逢甲夜市的故事。故事里除了"夜市""人挤人"，还有"春节""吃火锅"可以设定为主题，例如：

"总之，那年春节真的让我印象深刻。你们家都怎么过年呢？"

或"你们今年过年有什么计划吗？"

或"那次真的吓到我了，还好后来吃的火锅很好吃。那家店的蔬菜和海鲜都很不错、很新鲜，而且调味料很独特……（分享另一个故事）你该不会也是火锅控吧？"

4. 尊重对方的回应，并积极与之交谈

重新选择主题后，若对方开始有正面回应，就代表你们已成功聊起来了。若对方还是给予负面回应，别忘了持续运用平行与垂直扩大的方式来进行尝试。如果换了几个话题后，甚至已经试着跟对方互动了好几次，但对方总是用各种冷淡的话来回复你，像是"没有""还好""没兴趣"，你该怎么办？

这时就可以合理推测，对方并不是很想跟你聊天，甚至可以说，他对你没什么兴趣与好奇，也没有意愿靠近你。但先别太快气馁，也无须生气，还记得我们在第一堂课谈的吗？关系的建立不是靠追求而是靠吸引，而吸引的精神在于彼此平等。对方当然有权利选择不与我们互动，正如你也有同样的权利。与其抱怨或讨好，不如尊重对方，并持续提升自己。

要进行接下来的"真实虚假发问设计单"前，请先完成实战练习的［自己的故事］整理单（进阶版），才能找出故事的主题，并依照主题设计问题。

✏️ **实际演练：[虚假发问＆真实发问] 设计单（范例）**

故事主题	大阪、圣诞节、海外、自助旅行、黑门市场、有名的咖喱饭
类型	问题
虚假发问	你逛过日本的菜市场吗？ 你猜我去年圣诞节在哪过的？ 你去过大阪吗？
真实发问	初始问题	你也去过大阪吗？ 你该不会也爱吃咖喱吧？
	平行扩大	去过日本吗？ 去过哪个国家玩啊？ 未来打算去哪个国家玩呢？ 那你比较爱哪种料理？
	垂直扩大	不爱旅行吗？（习惯） 为什么啊？（想法） 该不会你们假期很少吧？（工作）
	重新选择	你圣诞节都怎么过？ 如果跟团游与自助游让你选，比较喜欢哪一种？

✏️ 实际演练：[虚假发问＆真实发问] 设计单（练习）

故事主题	
类型	问题
虚假发问	
真实发问 — 初始问题	
真实发问 — 平行扩大	
真实发问 — 垂直扩大	
真实发问 — 重新选择	

3-4 问完了，然后呢？

第二堂让你建立"说故事"技巧，本堂前三节又学到"问问题"的方法，然而双方在互动中，有一个常常被忽略却极为重要的元素，唯有加上这一点，才能完整地与对方聊得自在，并拉近距离。这个能力就是"聆听"。当我们提出问题或运用QSQ成功邀请对方分享他的故事后，必须开启聆听模式。比起说话，聆听似乎是件容易得多的事情，对吧？事实却是，很多人在这里吃了亏，让不错的开场急转直下，降低原本营造的好感。

聚光灯别总是打在自己身上

多年前我曾参加朋友包场的生日聚会，在吧台区与新朋友互动。那是我聊天能力明显提升的初期，如同刚学会骑单车的孩子，恨不得一有机会就炫技。我从对方的闪亮发饰开场，接着分享自己在营队、毕业旅行的趣事后，也通过发问成功地让对方讲起她的故事。可慢慢聊下来，我发现对方的话越来越少，即使试着继续分享并抛出相关提问，但"高开低走"的戏码重复出现。又过了十分钟，这位穿着单件式洋装的女生用礼貌的语句说了抱歉，表示想去找其他同行的朋友。我知道她的离开之意很明确，已经无法挽回场面，于是结束了对话。

那晚我在床上翻来覆去辗转难眠，满脑子问号："我哪里做得不好？故事太无趣了？声音太平淡吗？还是手势不自然？"隔了一周，我和一位朋友 Nason 聚餐，边吃披萨边闲聊近况，自然也提到那场派对。Nason 在我描述的过程中，偶尔穿插几个小问题，他的话虽然不多，却让我越讲越多，甚至分享自己的挫折情绪。

"我当时觉得越来越怪，虽然她还是会回应。"我说。

"想想，她是怎么回你的？"

"像是我分享小琉球浮潜，她还问我有没有拍照，她想看。"

Nason 持续专心听我说，并回了句："听起来还不错啊。"

"对啊，我问她毕业旅行去哪里，她也分享了冲绳旅行的故事。"

"哇，她们毕旅去日本啊，不错耶。"

"哈，而且是搭游轮很享受！"我回想起当天内容，"她一讲到冲绳，我就想起去日本自助旅行的计划，然后跟她分享。"

"哦，没听你说过啊，你跟她说想去日本哪里？"Nason 问。

"前阵子看了一本书，所以有这个想法。因为我觉得……"于是，我开始讲自己的旅游计划，以及后来跟派对女孩的互动内容。

"Nason，情况就是我说的这样了。你觉得为什么对方不想跟我聊下去了？"我问。

当这个问题从我嘴巴抛出去后，我突然灵光一闪，发现一件很重要的事情，我"啊哈"了一声（就像是心理咨询所说的 insight）。

"Nason，太感谢你啦！"我拍了他肩膀。

"啊？我没说什么啊？"Nason 有些困惑地看着我。

聆听有时比说话更重要

你是否找到关键了？对，就是因为 Nason 没说什么！他没有急着给我意见，也没有滔滔不绝地说自己的看法，更不是扯"我上次也遇过"或"我会这么做"之类的东西。他只是仔细听我说话，加上一些简短回应，仅此而已。反观我在派对上，问了问题，也邀请对方分享故事，然后呢？我急着将聚光灯移回自己身上，而没有真正在听对方讲话。

在我进入心理咨询研究所就读，准备迈向心理咨询师之路时，有一堂课让我很难忘。那是研一时首堂必修课，资历丰富的老师在介绍课程架构后问大家："你们觉得，让咨询有效果的关键是什么？"

"同理的技巧。"

"分析能力，并且能帮助各个案例觉察到他们之前不对的地方。"

"对学派及理论的精熟程度。"

"清楚的脑袋吧，才能实时反应对方说的东西。"

"自己情绪要够稳定。"

大家轮流提出自己的看法，讲了一轮后老师缓缓开口："你们说得都对，这些都能帮助咨询产生效能。但我要请大家先练习的一件事就是：专心听对方说话。"这段话冲击到了我，在研一的学习、实习及接受督导的过程中，我越来越能体会"聆听"的重要性。它能延续对话，也能拉近关系。

有效聆听的基本原则

然而，我们常自以为在听，却产生无效甚至反效果。到底该如何聆听？

不要急着插话或不断提问

当你想表现自己，或是吸引对方注意，往往听到部分内容就会打断对方的分享，将发言权抢回来。这种做法会让你前面的发问很没有诚意，甚至让人觉得不礼貌："刚才不是问我休闲兴趣吗？怎么都是你在讲自己？"若你急着再次发问，也很容易打断对方的故事，尤其是若你原本的问题属于开放式，对方的回复内容会较丰富，贸然再插入问题可不是好主意。

别急着想下一步，避免焦虑阻断你的脑袋

既然别急着打断对方，那我听就是了。但这时候千万不是放松或发呆，更别焦虑等一下该如何回应。在督导新手心理咨询师，或是帮学员进行聊天训练时，常遇到一种情况：我们听着对方的内容，大脑却在高速运转思考："糟糕，他等下讲完，我该怎么回话？""他好像快说完了，我该问什么好？"这种焦虑，反而让你无法聚焦于当下去找到线索来回应。

运用非语言展现"正在听"的态度

我那位朋友 Nason 并非传统的高富帅，身高跟我差不多，也只是男生中的中等身材罢了，外貌、经济条件也就跟多数人一样。

然而，大学时期他的人缘很好，从不缺暧昧对象或主动靠近的女生。刚认识时，我还很纳闷，到底有什么神奇魔力可以吸引这么多女生喜欢他？还是他暗藏某些技巧，才桃花不断的？多次互动后，我发现 Nason 的魅力之一，来自非常擅长的"倾听"。除了不会抢话、不随意打断对方，他的许多微小动作也会让聊天的人感到舒服自在，觉得他很重视你所说的内容。那么，该如何主动展现自己在认真聆听呢？

眼神对焦：聆听时，看着互动对象的脸是最基本的态度或礼貌，这会让人觉得你注意力集中、专心在听。不论是闲聊寒暄，还是公务上的咨询、讨论，我在聆听与说话时都习惯望向对方的眼睛，很神奇的是，这往往能让他们产生好印象，乐于持续互动。若你对眼神互望感到扭捏不自在，可以让目光在对方的双眼、眼眶、眉毛、鼻头这块区域缓慢移动，且尽量放松以免变成在瞪人。此外，平常生活中也可多加练习，包括去便利商店或餐厅买东西、点餐等，尝试看着对方吧！

身体前倾：在第二堂表达技巧部分，我们谈到艾美·柯蒂的研究，并鼓励你在说故事时将身体挺直，甚至打开胸口，肩膀稍微向后，以增加自信并营造自在大方的氛围。当麦克风转移至对方手中，你成为聆听者时，不妨试着换一种姿势，将上半身略微前倾，除了能听得较清楚外，也能让对方感受到你的专心。如同眼神不要太"用力"，前倾也别靠得太近（尤其双方关系还不够熟识时），才不会给对方造成压力，否则反而会弄巧成拙。

表情跟随：网络上有些文章，强调一种"鹦鹉"技巧，也就是当对方说了一句或一小段话后，我们重复最后一句。这技巧在实战上是否好用？稍后会提到。这里则是提醒你，**表情的重复**（我喜欢以"跟随"称之）也相当重要。想象一下，若你跟朋友谈着开心的事情，对方却严肃臭脸，你还会想讲下去吗？反之，当你讲到自己告白惨遭拒绝、十分沮丧时，对方却一脸轻松，还时常微笑，你心里大概会骂他吧，并且会想下次再也不会找这个朋友谈心事了。所以，聆听时要观察对方的脸部变化，并让自己的表情与对方情绪呼应。

重复话语：那么，该使用所谓的"鹦鹉学舌"吗？刚开始学习心理咨询时，我曾在教科书上看过这种技巧，鼓励心理咨询师重复对方的话，但这么做需要随时看情况调整，不能总是只重复最后一句，更要避免像录音机般使用完全一样的词句。但某些网络上流传的文章，或一些接触过心理学的人，只提了前半段（重复句子），而漏掉了后半部的关键：临场调整。也因此，咨询圈流传着一个笑话：

某心理咨询师学习了"鹦鹉学舌"技巧后，接了一个咨询洽谈。

对方："老师，我昨天忍不住看了另一半的手机，发现他劈腿好久了！"

　　心理咨询师："你发现他劈腿好久了。"

　　对方："他怎么可以这样对我？"

　　心理咨询师："他怎么可以这样对你？"

　　对方："我真的又生气又难过！"

　　心理咨询师："你真的又生气又难过。"

　　对方："我不想活了！"

　　心理咨询师："你不想活了。"

　　对方："我准备从窗户跳下去！"

　　心理咨询师："你准备从窗户跳下去。"

　　对方："我要跳了！"

　　心理咨询师："你要跳了。"

　　"砰！"

　　心理咨询师："砰！"

　　…………

　　当然，这只是虚构的笑话，现实中没有心理咨询师会傻坐在边上，且洽谈室会有安全防护措施。然而，这也反映了"不知变通"的危险性，以及对于不懂互动的负面影响。日常聊天时，不断重复对方最后一句话，很容易让对方觉得古怪、不舒服，甚至以为你刻意开他玩笑。那到底该如何回应呢？偶尔挑关键词即可，且不只是肯定句，亦可转换为问句，将语调稍微上扬，不需重复完整句子。这么做有鼓励对方多说一些的功效。例如：

对方："上个月我吃了一家特别好吃的西班牙餐馆！"

我方："西班牙餐馆？"

对方："对啊，在台北市区，而且没什么人知道这家店，算是挖到宝了。"

我方："挖到宝？"

对方："嗯嗯，因为他们的料理很地道，跟我在西班牙吃到的很像。"

我方："很地道。"

对方："真的，像是有一道……"

当然啦，你也不能仅仅回应对方语句中的关键词，这样会让对话难以持续，甚至让人产生不舒服的感觉，你可以搭配提问或是分享一些个人经验。

模仿字词：不要当完全重复句子的鹦鹉，而要通过敏锐的观察，在对方分享故事时竖起双耳，找出他习惯的"特殊用语"。人们在朋友、家人或某个领域的相同爱好之间，会逐渐形成一些共通的用语或者特殊的说话方式。这些特殊的说话方式，与我们的出生背景、工作、生活及人生观都有联系，由此切入，就能让对方产生熟悉感，认为"你跟他在某些地方是相同的"。

例如，在学术讨论场合，我会使用"情绪"这个词，因为这对心理咨询师来说很熟悉。但在演讲或文章里，我有时会将其替换成"心情""感受"，这是大众比较习惯的词汇。某次前往嘉义演讲的路上，我刻意绕去号称最美的民雄星巴克吃早餐，排队时听到后面女大学生讲电话："我已经到'星巴巴'了，你们赶快来！今天买一送一！"我当下满脸黑人问号，愣了一下才发现原来大学生是这么称呼星巴克的啊。

相同的词汇能拉近距离，所以下次听到对方说"北车"时，就别硬要讲"台北车站"了。同理，IKEA到底要念"以起亚"还是"爱起亚"，不妨留意互动对象怎么发音吧。

简短回应：为了让说话那方能确认我们正在专心聆听，可以主动发出微信号，包含语言与非语言。前者是简单的"嗯嗯""哦"（语气上扬且拉长）"真的吗"（音调拉高）"哇""不错啊""蛮特别的哩"之类字词，依照对方故事内容搭配运用，且别忘了用声音变化做出区分。至于用"嗯哼"回应，虽然这是不少心理咨询师的惯用语，但我觉得自己讲出来挺不自然的，所以改以"嗯"或"嗯嗯"取代。这也告诉你，语言简短回应没有绝对方式，以你习惯的互动方式进行即可，只要不是完全没声音就好。

那非语言呢？很简单，轻轻地点头就能产生效果。但可以随着对方的情绪与故事内容变化，若他说话时展现的情绪强度较大

（不论开心或低落），我们的点头可以放慢或加快，动作较大一些；反之，若只是一般聊家常闲话，轻松自然地点头即可。

情绪小	情绪大
简单点头即可	点头放慢或加快，幅度加大

聆听时，说故事的对方才是主角，我们处于被动状态。然而，在被动中仍应运用以上几个技巧及观念来展现主动。记得以轻松、自然为最高原则，免得不知不觉又把聚光灯抢过来了！

随对方情绪起伏做回应

状况 A

状况 B

3-5 听完了，接下来？

"我昨天参加大学同学聚会，吃得超饱，而且你知道吗？有个好久没联络的同学刚从柬埔寨回来。"Dolly 吃了一口奶酪后说道，"我大三时跟她都是系学生会的，一起合作过，当时就觉得她很有自己的想法。结果她上个月是去当国际义工了，好特别、好厉害呀！"

"嗯嗯。"Colin 回应了一声并将身子稍微前倾，示意对方继续说。

"我也上网找了一些信息，觉得很有趣，或许明年也可以来一场义工旅行。"随着 Dolly 流露出兴奋的表情，Colin 的嘴角也跟着微微上扬，并回了一句："听着很不错呀！"

"对啊，我对教育类型最有兴趣，之前学的东西可以用上了。"Colin 微笑着看着眼前的 Dolly，心里却一点儿也笑不出来:"呃,她故事好像说到一个段落了,然后呢?我要回复些什么啊?"

在上一节中,我们谈了如何在被动聆听中展现主动,让对方看见你的专注与重视。接下来该如何回应对方呢?你有两样武器可以运用:问问题或是分享类似的经验。事实上,聊天这档事本来就是由"说""问""听"三者构成并交替登场。在"你问他说"的情境中,听完后可以再问,也可以选择拿回说话权,改由你说。然而,如同电动游戏般,我们得先抽取元素才能炼成这两种武器。

抽取元素:聆听时的另一样功课

当对方分享故事时,你除了可以运用语言、非语言展现专心外,也需要聚焦,从故事里抽取元素,才能持续回应对方。讲白话就是"抓重点"。在 QSQ 技巧中,你的虚假发问和真实发问其实就是从准备分享的故事中抽取重要元素,然后转化为问题。聆听时,则得从对方故事中找寻,好作为等一下"接话"的素材。

然而在实战经验中,经常会出现对方故事太短,不知怎么接;对方讲得太多,又不知重点在哪里。这是很多人在学习聊天初期常遇到的困扰:会说、会问,但无法制造太多互动,往往演变成以下这种对话：

  我方："嘿，上周末出现了寒流，你家那边怎么样，有没有特别冷？"

  对方："当然了，三峡特别冷的！"

  我方："我住桃园也觉得特别冷，完全不想出门，所以基本每天都在家煮火锅，反正冰箱有什么材料就丢进锅里煮。冷天吃火锅，光是看着热腾腾的热气就觉得被疗愈了，而且麻吉烧那种爆浆口感超好吃！"

  对方："真羡慕啊！"

  我方："你也喜欢火锅类料理吗？"

  对方："还不错啊，喜欢吃羊肉火锅之类的。前阵子跟同事下班后去吃了家不错的馆子，肉质很好，而且很新鲜。"

  我方："哦，那不错呀。"（想不到怎么接）

  对方："嗯嗯，对啊。"

  我方："嗯，你最近计划去哪玩吗？"

  以上例子，当我们想不到要接什么话时，就会选择开启另一个话题。这样的聊天虽然有互动，也相互分享故事，却让聊天被切成一个个片段，显得零碎散乱。为了改善这种情况，我会认真观察、回顾那些"聊得开心""聊起来很顺"的互动过程，最后验证了我的想法：**要让互动有更好的效果，必须让话题转换自然。**

也就是说，要用延伸对话来取代另开话题，才能营造出一场自在愉快的聊天，且在对方心中打入"我跟这个人聊得来""想继续跟他互动"的钉子。

要能顺利衔接对方的话，让聊天成为互动，就得在聆听时抽取出重要元素。面对一句或一段话，该"听"什么？有四个元素，帮你拆解对话内容，找出重点。

基本元素：故事背景与信息

如果你是聊天初学者，可以先从抽取故事信息开始练习，也就是人、事、物、时间与地点。从上面示例来看，对方较为丰富的回应有两句：

"当然了，三峡特别冷的！"

"还不错啊，喜欢吃羊肉火锅之类的。前阵子跟同事下班后去吃了家不错的馆子，肉质很好，而且很新鲜。"

我们可以抽取出"三峡""同事""下班后""羊肉火锅""同事聚餐"。这些元素就可以接续发展问题，或是分享类似经验了。

"三峡"（地点）→"是靠近北大特区吗？"或"三峡我之前去过满月圆爬山呢！"

"同事"（人物）→"听起来你们同事感情不错啊！"或"好羡慕呀，我同事几乎都有家室，下班后很难约。"

"下班后"（时间）→ "你们下班后都会安排活动吗？"或"我下班后也挺喜欢找朋友吃饭聊天"。或"说到下班，我刚被朋友推荐的，加入了健身房"。

"羊肉火锅"（物品）→ "哇，是哪家？"或"我也很爱吃羊肉火锅呢，上次在台北吃到一家肉质特别好的。"

"聚餐"（事情）→ "你们会经常聚餐吗？听着好好呀，我其实也很喜欢聚餐，觉得可以增加和同事或者朋友之间的情谊。"

找寻亮点：最有印象的关键词

除了从基本数据抽取，也可以依照个人的主观喜好、兴趣，找故事中最有印象的部分接话。关键词除了可做简短回应，鼓励对方继续说下去或扩展、加深内容外，也能发展为句子，更加积极地让双方聊下去。

例如，你是个爱吃肉的人，所以"肉质很好，而且很新鲜"快速吸引了你的注意力，那就抽取这句当作元素。

我方："你也喜欢水煮类料理吗？"

对方："还不错啊，喜欢吃羊肉火锅之类的。前阵子跟同事下班后去吃了家不错的馆子，肉质很好，而且很新鲜。"

我方："没错！羊肉要新鲜，超薄的那种才好吃哩！看来你也是个小吃货啊！"

然后可再发问:"那家店在哪啊?""他们还有什么好吃的?""火锅料理你都喜欢吗?"等等。或是通过分享延伸话题:"那我也推荐一家火锅!""你知道×××火锅吗?""那家店很特别哦,我上次……"

开启观察:从情绪明显处切入

除了依照自己的主观喜好选择衔接内容外,也可以找"对方有兴趣的主题"来互动。很多人对心理咨询师的误解是,拥有心电感应,可以看穿对方的心情想法,在互动中让人觉得"你怎么这么了解我"。事实上,心理咨询师并不是拥有读心术的"都教授",也没有与他人心连心的神奇技能,那我们如何"说中"对方所想呢?关键就在于观察力:针对非语言信息的细微变化做出反应。

怎么知道别人想聊什么呢?注意对方说哪一段故事或哪一个关键词时,声音较高、较大声,或是表情、肢体动作较为明显,表示这是他最感兴趣的主题,我们便针对这部分进一步发问、沟通。若你乍听之下觉得"怎么可能?也太难了吧!"是非常正常的,当年我刚开始学习咨询时,也"感觉"不到对方想谈什么、在意什么。一部分原因是,对话当下我们容易紧张,将聊天看成一场面试,似乎只要任何小地方表现不好,就会被对方质疑、拒绝，并且会觉得我们很糟糕、弱爆了！这种过度推论，不但先让你为自己定下难以达成的完美目标，接着又因为自行脑补不好的结果而容易焦虑、担心。当你根本无法聚焦在互动时，自然也没办法好好观察对方，而错过许多非语言细节。

互动的目的在于通过轮流分享越来越了解彼此，应该是个愉快、轻松的过程。不需要讨好哪个人，而是展现自己并认识对方，仅此而已。别忘了第一堂所说的，用吸引取代追求！若你在聊天、约会时，发现自己又开始焦虑无法专心倾听对方，那一定要赶快提醒自己"这不是在考试""没关系的，要放轻松"！

另一个难以"抓到"对方非语言变化的原因，是缺乏经验。聊天互动能力比起先天影响，后天的学习与经验值才是决胜关键。不妨在生活中把握与人互动的机会，多多练习观察他们吧！**发现对方的声音提高、变大声，或表情、动作较为明显时，尝试从这里切入，进一步询问或分享类似故事，并将对方的回应当成一种评估，让自己的观察力越来越精准！**

思考模式的差异，决定你的互动力

我还是个宅男时，总是羡慕那些很会聊天、在社交场合成为焦点的人，并困惑为什么自己容易冷场、被拒绝。根据多年来的

研究与经验我发现,"善于聊天"有三个主因:

其一,我们在第二堂已经谈过,丰富的"生活经验"才能让你有源源不断的故事与话题可聊。这部分就像是一位厨师可事先准备好食材,并进行调味、腌制,也就是你已经练习过的精练故事技巧。

其二,则是非语言表达能力。如同厨师的料理技术,将准备好的食材在客人面前进一步加工,让故事更加精彩,营造轻松有趣的氛围,促使对方愿意聆听,进而看见你的优势、特质,并产生兴趣与好感。

如果只是单向分享,这两种能力已经十分足够。然而聊天不是演讲,不能只是一个人自嗨或唱独角戏,而是需要互动。要让双方有来有往、延续话题的第一步是在聆听时专心找重点,然而抽取元素后能否快速想到其他的主题来衔接(不管是再发问还是分享类似故事),涉及你大脑认知的介入。人们从视觉或听觉吸收信息后,会开始进行评估、思考、编辑,然后找出解决之道或产生结论、行动。这个过程中,我们运用聚焦思考或发散思考两种截然不同的模式,这也成为聊天能力的第三个关键。

聚焦思考

指的是我们对信息(或者你抽取的重要元素)进行归纳、

演绎、推理，以"合于逻辑或某种规则"的形式来思考。这是绝大多数华人的习惯，因为我们从小受这样的教育：科学、理性、有标准答案或公式。我们将抽取的材料层层过滤筛选，抱着打破砂锅问到底的精神向下探索，越走越深。这种思考模式并非不好，事实上它对于学术研究、弄清事情脉络、提升思辨能力都有很大的帮助，用以协助我们解决生活、工作中的各种疑惑。然而，若我们只有这套思考模式，加上逐渐被养出一套固定的评价系统（考高分是学霸，考上好学校才是优秀）后，思考会变得僵化，且总是在找一个"正确"的结果。

然而，我认为聊天更需要发散思考的能力。这是指我们对信息进行联想、猜测、整合，以"未必符合于以往的逻辑或规则"的形式脑力激荡，也就是向外联结，越拓展思路越广。这种思考方式多用于艺术、文学、设计范畴，产生更多的创意与奇思妙想，虽然无法快速聚焦，找不出正确的解决策略，却能发现不同的选项及可能性。换句话说，整合与联想让我们从一个元素找出其他相关元素，成为你聆听完对方的话后要衔接的元素或话题。

例如，我们听到"羊肉火锅"，脑中开始出现许多相关字词或句子，且持续延伸，如"冬季料理""喜欢火锅""最爱的火锅料是蛋饺""曾在台中吃过一家很棒的"。而且这些延伸并非只有一条路,很可能你想到"冬季料理"时,同时也会想到"姜母鸭也好吃""鸭血""夜市的花生粉和猪血糕也好吃""觉得乐华夜市最好逛""某夜市超糟糕最乱""去年跟朋友逛过东大门夜市""花莲旅行",又或者从"夜市的花生粉和猪血糕也好吃",又想到"香菜""一定要加香菜的食物有哪些""吃过某食物的经验"。

若用一张图来显示,会发现这种发散思考乍看复杂交错、乱七八糟,其实仍蕴含着逻辑,只是这种逻辑并非科学上的理性推论,而是脑袋中诸多故事、记忆、情感的交互作用,为你提供丰富的 idea。下一堂会提到发散思考的另一个效果,在这里先聚焦在聊天这档事上(很快又要用聚焦思考模式了)。

当你的联想、整合能力提升后,就能较快用抽取到的元素进行再发问或分享相似经验。虽然事先准备故事、问题并练习表达技巧,对聊天已经有很大的帮助,但在前期,若要进一步让"话题的延伸与转换"自然不留痕迹,且避免将聊天切割为许多刻意片段,临场反应、接话能力就是必要的,而背后核心即为发散思考。因此,你应该理解为什么许多人明明看起来很聪明,工作上也保持高效率,但聊天总是冷场吧。因为我们过度使用(或被训练)聚焦思考模式,而忽略了发散思考。

练习解放想象力

好在思考模式如同聊天能力，都是可以通过后天的学习、刻意练习而提升的。最基本的练习就是生活中别急着找"标准答案"和"完美解答"，才不会轻易掉进非黑即白的二元化陷阱。这里也分享一个训练发散思考的词语接龙游戏：

准备道具：影印练习表格一张（建议放大至 A4 大小）、报纸或杂志一份。

随便从报纸或杂志上挑一个词语，写在词汇第一格空白处，接着开始自由联想。想到什么词就填入下一个空格，直到填满整张纸或再也想不到为止。记住，字词间的联结没有标准答案或规则，只要你"想到"且能说出一个理由即可，进阶练习可试着填上这个理由。

实际演练：发散思考练习——词语接龙（范例）

词汇	理由
手表	
Seiko	曾经买过这个牌子的表送爸爸
生日	当年是当作生日礼物送出的
蛋糕	我自己生日不太吃蛋糕
芋头	小时候的蛋糕通常都是芋头馅，我特别不喜欢
九月份	但蛮喜欢吃芋圆的，尤其是在九月份边观景边享用
基隆	两年前与朋友们在九月份去基隆旅行
游轮	中学时跟家人一起去参观停在基隆港的游轮
赏鲸	曾搭赏鲸船出海，结果吐得很惨
兰屿	另一次搭船经验是三年前去兰屿放松

实际演练：发散思考练习——词语接龙（练习）

词汇	理由

第四堂

进阶班：
化被动为主动的三个技巧

该继续说下去吗？
运用友好指标决定下一步

学完聊天初级、中级班后，我们的目标不只是聊得来而已，还要进一步吸引对方。本堂将持续帮你获取三种进阶能力，让对方越来越喜欢跟你互动，同时累积更多好感。但是在正式学习三种技能前，你需要先知道如何判断你所出的"招"有无效果，才能决定是否该乘胜追击，还是要调整方向。

评估关系及感受对方的感觉，对于互动聊天非常重要，因此我们一定要注意避免以下状况：明明对方已经透露出不耐烦的信息，你还滔滔不绝地说着同一个故事；人家对你的问题已经深感厌烦，尴尬到不想再多谈，你还是打破砂锅问到底；当你称赞对方或表现幽默时，对方根本不认同，或者觉得很无趣，你却自以为效果很好而火力全开……这些情况都会让气氛越来越尴尬,让对话难以继续下去,甚至被默默盖上"直白、没情商"的烙印。该怎么判断对方的回应是好是坏呢?

判断关系的线索:友好指标

聊天时,不管是分享故事,还是询问对方,甚至是稍后要介绍的肯定、幽默、安慰技巧,都需要通过友好指标来判断是否该继续加深力道,还是退一步让互动稍微缓和一下。在聆听那一节,我们谈了观察力的重要性,并列举了一些线索,如对方在说某段故事、关键词时,若出现音调提高、音量放大,或表情动作较明显的变化时,很可能就是讲到他十分感兴趣的主题,我们可从这部分持续切入并继续发问、衔接。那么,当我们说话时,又有哪些线索代表对方想听,或是愿意接住你抛出的球呢?

非语言友好指标:观察对方的细微变化

最容易发现的指标,就是对方的眼神有没有停留在你脸上。首先当你说出一段故事时,对方是专心地看着你,还是两眼无神、放松,甚至东张西望呢?其次,他的表情是放松、微笑、有精神,还是严肃、双唇紧闭,甚至微微皱眉、打哈欠呢?当然,有些人天生脸就是比较"冷漠",所以记得观察他前后的变化:当你说话或肯定对方时,对方的表情是越来越紧绷,还是逐渐缓和?嘴角的上扬、敞开是明显的友好指标,代表心情处于放松状态。若对方因你的话语而出现笑容,那自然是更棒的回应。

除了脸部变化,肢体动作是另一个要观察的重点。

在咖啡厅的联谊聚会,主持人将成员们三位一组随机分桌,鼓励大家分享最有印象的旅游经验。Clark 是这桌唯一的男生,简单介绍自己后,他开始聊自己的旅游经验:"其实我没有海外旅行的经验,比较喜欢跟几个哥儿们去登山、徒步,还有野营。前阵子才刚去过南湖大山,那次我看到了……"

Clark 说到一半,左前方的 Irene 往后坐满整张椅子,上半身也随之微微后仰;右前方的 Joan 则是不自觉往前倾,好让自己能听得更清楚。

在没有其他信息的情况下,我们如何解读 Irene 与 Joan 的细微变化?Irene 的动作透露了她对 Clark 户外旅游话题比较缺乏兴趣,也许她喜欢室内活动,或是走城市旅游路线,不喜欢爬山、露营这种室外旅行风格。而 Joan 呢,她身体微微前倾,拉近和说话者之间距离的动作,则展现了友好指标。可能她也喜欢大自然,或对这类活动很感兴趣。若再问,谁比较想继续听下去或进一步认识 Clark,以现有信息来看,无疑是 Joan。

简单来说，双方肢体的物理距离，是用来测量心理距离的一项指标。我们通常会跟不熟悉或不感兴趣的人刻意保持较远的距离，反之则拉近。但不是说要你随身带卷尺丈量双方距离，事实上它也很难有通用的绝对值，相距几厘米代表对方当你是熟人，几米代表你们不熟。我们用的是"相对距离"，就是在互动过程中，对方是否刻意（或不自觉）借由肢体的移动而拉开或拉近双方的距离。这也再次显示出观察力的重要性，建议把握日常与人聊天的机会，多多磨练观察敏锐度。若个性比较害羞，不敢直接在互动中练习，那么看电影、追剧、欣赏舞台剧，也是提升人际观察力的好方法。

与人互动，也可以主动拉近距离，再观察对方反应，以评估双方关系（看对方有没有把距离拉开）。但要留意的是，这种测试有个原则：对方退，你就别急着再靠近；对方接受你靠近，你才可以再进行测试。留意对方反应，并当成下一步的参考，才不会被当成怪人，以免搞得气氛尴尬。

语言友好指针：留意他说什么，回应了什么，询问了些什么

除了从对方眼神、表情与肢体方面的变化来搜集线索外，谈话内容同样是重要指标。在互动过程中，对方如若在主动分享或回复问题时越讲越多，且内容越来越私人化，通常代表对你有较

多的信任感：心理距离比较近。那么，怎样的内容才算更私人化？比如谈起家人，但并非是只告诉你自己有几个兄弟姐妹那种，而是与家人的互动情形，或是童年往事。例如：

"其实我跟爸妈不太常见到面，因为是自己在外租房。"

"我跟弟弟的感情特别好，上次才一起约去石梯坪露营呢！"

"哈，我跟姐姐可是从小开始就互相比较，比如有一次她生日蛋糕比我的要大，我委屈得直接哭出来了！你说当时我多幼稚，哈哈！"

负面经验则是另一指标，多数人只会让信任的朋友看见自己的伤口（在心理咨询中，虽然是句看似毫无瓜葛的心理诉苦，其实是心理咨询师在不断的洽谈中努力取得对方的信任，让对方相信你，所以才会越讲越多）。因此，若互动对象或者约会对象跟你透露了自己的丑事、比较隐私的事，预示着你们彼此的关系正在慢慢地靠近。例如：

"我去年过得挺不尽如人意的，因为遇到一位很自以为是的主管。"

"别看我现在这样，我上学的时候其实被同学欺负得很惨！"

"上次去日本旅行，你知道发生什么事了吗？我的证件竟然丢了，真是糟糕透了！"

当对方提及负面经验或情绪时，代表两人的关系更近的概率提高，但同时你的回应也很重要，本堂课后面会详细解说。

还有一项友好指标是负面经验的延伸：过去的恋情。尤其是对方主动分享，若刚认识就直接询问人家的恋爱史，就会很明显地暴露你的意图，或者容易让对方误会你没有交友的想法。除了用感兴趣的主题来提高友好指标，对方表达的内容中如果有较多情绪、感受、想法、价值观等元素，都代表了你们的关系正在拉近。

最后，对方若还会抛问题给你，也可视为友好指标，代表对方对你也感兴趣，或者也想更进一步认识你。因此，当你分享一个故事后，记得观察对方有没有发问，或针对你的回答是否继续追问。当然啦，有些高手会在故事中刻意埋下关键点，也就是卖关子不把话一次说完。看似被动等人发问，其实是主动制造好奇，促使对方想更了解眼前的人。如果你卖关子，对方却不买账、没有发问怎么办？虽然未能达到诱发好奇之目的，但也能从中观察是否出现友好指标，仍然划算。别忘了我们在上一堂课的开头谈过，聊天可不是演讲，穿插问题、制造互动才能让气氛轻松自在！

从对方反应评估友好指标与负面指标

对方的状态	友好指标	负面指标
眼神	聚焦在你脸上并且有精神	四处飘忽，略显疲倦
表情	表现轻松，嘴角上扬或微笑	比较严肃，嘴唇下沉或紧闭
肢体	上半身前倾逐渐靠近	上半身后仰保持距离
分享内容	家人、往事、负面经验、过去的恋情、情绪、想法	一直停留在别人、朋友的故事，即使是自己的故事也仅提及日常生活
问题内容	主动问你	几乎不发问

从肢体位移看出友好指标

Irene
往后坐满了整张椅子，
上半身也随之微微后仰。
对户外旅游话题缺乏兴趣。

也许不喜欢爬山、露营这
种 outdoor 风格。

Joan
不自觉往前倾，
好让自己听得更清楚。
可能本身也喜欢接触大自然。

对这类活动感兴趣，
进一步认识的概率较高。

4-2 关系中的甜点：肯定与赞美

"早啊！"

"早。"Timmy 淡淡地回应新同事 Dora 的招呼，就走进了会议室。两人共事还不到一个月，他不懂为何这个小女生那么快就受到了同事们的欢迎。无论是办公室还是餐厅，总能见到 Dora 跟大家有说有笑的场景；开会讨论时，大家对她的意见也颇为支持。这些让 Timmy 不只困惑，还有些嫉妒，毕竟自己可是已经待了两年多的前辈。

"学长，你刚才提的活动规划感觉很不错呀。"会议结束后，Dora 笑着对 Timmy 说道。

"是吗？"Timmy 提高戒心，想看看这家伙到底想干吗，想说什么。

"是啊，学长对我们目标客户群好像挺了解的，他们应该会很感兴趣的！"

"嗯，活动之前我们一般会让他们填问卷，然后再整理数据。"Timmy 说出了自己的工作经验。

"原来如此，而且你下一季要办的城市盲旅，结合轻旅行跟冒险解谜的元素，听着挺新奇的，我觉得会很好玩。"Dora 认真说道。

"哦，还好啦。"Timmy 虽然不置可否，但脸上还是露出了腼腆的笑容。

"怎么想到这个 idea 的呀？"Dora 继续发问。

"呃，因为我蛮喜欢玩桌游、解谜之类的。"

"哈，那你脑子里一定有很多新奇的点子，难怪会规划出这个活动。"

"呵，没有啦。"Timmy 脸上仍挂着微笑，心情从开会的紧张压力转为轻松愉快。他在走回自己办公桌后惊觉，咦，刚才是怎么回事？怎么会有一刹那，脑海闪现"这小女生人不错"，甚至"想再跟她多聊聊"的念头？

你是否在求学历程或职场上，也遇过类似 Dora 这样的人？他们未必口若悬河，也没有数不清的厉害故事，但与他们聊天时会觉得很舒服自在：心情不知怎的越来越好。更重要的是，你会更喜欢自己。他们怎么办到的？关键在于赞美与肯定的方法。

初层次技能：肯定

赞美与肯定很容易混为一谈，但我认为两者内涵与使用时机皆不相同。我将肯定归类为"初层次回应"，赞美则是"高层次回应"，但请留意，这里所谓初层次与高层次并非优劣好坏，而是指"力道深浅"。在关系还不够近，或对话刚展开时，建议使用较多初层次回应；当双方熟识，或已经先用过肯定后，再转为力道强的赞美。这就像享用一块草莓巧克力慕斯时，我们先从味道较清淡的草莓开始，再享受更甜的巧克力慕斯本体，才会觉得顺口。

肯定，就是当我们对别人的行为、选择、物品、观念或特质感到认同、赞成或喜欢时，用语言及非语言表达出来。它的特色是"轻薄短小"：

轻：音调变化轻，甚至跟平常说话的声音没什么两样。上面故事中，Dora 对 Timmy 的第一句话是"刚才提的活动规划感觉不错耶"，她的说话声音没有刻意加强或提高太多，只是一般的说话语气。

薄：词汇程度薄，甚至偏向中性、模糊，即比较概括性的描述。"感觉不错""听起来挺有趣的""挺特别"，而非"真的

"超级厉害""太了不起了""没人能办得到"。

短：句子不要太长，甚至只需要一句话、一个词即可。比如"这条围巾搭得挺好看的""哎呀，不错呀"，而非长篇大论的夸奖，容易让对方觉得你是阿谀奉承的人。

小：动作尽量要小，不需要拍肩、比赞、握手之类的大动作。还记得上一堂课提到，聆听对方说话时可以适当"点头"回应吗？这种微微地点头，就是最浅最基本的肯定。

综合以上原则，肯定不需要太复杂、明显，只要让对方觉得"这个人认同""他也认为不错"即可。所以，点个头，或是"哇""挺不错的"之类的回应，就能够传达出我们的肯定了。

高层次技能：赞美

当我们的肯定产生了一定的效果后，就可以开始增加赞美的比重。那么问题来了，怎么才能知道对方是否收下了你的肯定呢？这时就得运用上一节的友好指标。上面的示例中，你会发现Timmy的语言内容开始增加（让顾客填问卷、整理数据，以及提到自己喜欢玩桌游、解谜），同时非语言信息也展现出友好指标（如表情放松、不时地微笑等）。

赞美与肯定的差别在哪呢？相较于肯定的轻薄短小，赞美则需要"具大长久"：

具体：肯定是用简单、概括性的词汇，但赞美可就要清楚明确，具体说出你认为对方"好"在哪里。这么做的用意是，让被赞美的人感受到，你经由仔细观察，才表达出认可与敬佩，而不是随便扯两句场面话。例如，范例中 Dora 认为 Timmy 的提案"结合轻旅行跟冒险成分，有实境解谜的味道"，所以觉得很棒，就是"具体"。又如，"我觉得你今天穿得很好看，因为颜色很协调，而且还搭了一只亮眼的手表。""你很细心啊，竟然记得我喝咖啡只要半糖。"简单来说，赞美的基本句型就是"肯定＋原因"。

大方：既然要赞美，就大方自然地表达出来，让对方看见他的优点可是好事一件，何必畏畏缩缩呢？通常你会犹豫，是因为还没有找到他真正让你心悦诚服的地方，所以担心对方认为你是假客套、虚伪奉承。若有这种状况，就别急着赞美，不如先简单肯定即可，并透过沟通和询问让对方多多分享你的故事，从中找到值得称许的东西再赞美。也就是说，"真诚"是赞美最重要的先决条件，内心真诚才能大方自然给出赞美。

拉长：肯定的句子很短，甚至仅用恰当的词汇即可，但赞美的句子可就得拉长了，毕竟需要具体详细。不要只是简单的一句话，最好可以将它拉长为一段对话。回头看 Dora 的赞美，除了具体描述原因（结合旅行与实境游戏）外，还用了开放式提问：

"怎么想到这个 idea 的呀？"且在对方回应后，持续表达自己的敬佩："那你脑袋里一定有很多新奇的想法，难怪会规划出这个活动来。"来回应 Timmy。

持久：对于给过的赞美，自己要记得久，往后互动若有相似的情境，可再次运用，或再次提出来加强新的肯定和赞美力道。这才会让对方觉得，你是真的看见且认为他有这个优点，而不是一时兴起、客套、在瞎说。例如："你这次的提案也不错啊，认真整理数据真的有用啊！"或是"你真的很懂吃啊，上次推荐的那家牛排店真的很棒。"

综合以上原则，赞美需要花点心思，从对方的话语、行为中发现值得一提的地方。好的赞美来自细微的观察能力，若能找到对方较为内隐的特质、较少被注意的细节，会在他心中留下更深刻的印象。举例来说，当与公司同事共同出席聚会，对方打扮后的模样跟平常截然不同，我们想要表达自己的欣赏。

"好漂亮啊！"这是最浅层的肯定，很多人说完这一句后就结束了。在用肯定（浅、短）试水后，对方表现出很开心时（观察友好指标），记得打开你观察的慧眼，看看对方到底"好看"在哪里，并进一步给出赞美（具体、详细）。例如："你的眼妆很自然，衬托得你的肤色更白皙！"或"这件洋装跟你很搭，气质显得格外的优雅"！以及"你今天的用心打扮，让人感觉很惊艳！"……用具体并且比较清晰的描述"让她看见你真心赞美"。接着再运用之前学的三种问题来延伸对话，例如："该不会画了很久吧？""哪里买的？""怎么想到这样搭的？"

有些书籍或文章，会认为称赞别人时聚焦在"人"比"事物"还有效果。例如，当你看见对方面临突发状况，却随机应变运用一个策略解决危机，想给予肯定或赞美时，与其说"你想的这个方法很不错"，不如讲"你能想到这个方法真的很不简单"。就我的看法，称赞的主轴是"人"或"事物"并不需要过于拘泥，重点是将他们弹性组合。所以，你可使用以下三种赞美形式：

先事再人

将"事物"点出来给予赞美，若对方收下了，再进一步说出对"人"的钦佩。也就是先提及事物，对方若欣喜地接受，再聚焦于人。这是循序渐进的安全牌。例如：**"这方法很不错啊！""你能这么快想到解决方法真的好厉害啊！""你反应真的超快啊！"**

事物加人

先讲某事或某物好在哪里，再联系到对方如何办到或具有什么特质。例如：**"这只表很好看啊，我觉得你挑东西的品位还真不赖。"**

> 人加事物

直接说对方有什么特质，再用事物当作支持的证据。例如："我觉得你挑选东西的眼光真的挺不错的，很有眼光，像你这条围巾的质感就很好，款式也很有特色。"

赞美与巴结的差别在于真诚

肯定和赞美能让对方更想与你互动，主要原因是对方认为你和他的互动过程很用心，并且能发现他的一些独特行为及特质。更重要的是，你很可能帮助对方看见他原本没有注意到或未能觉察到的优点，从而使对方增加自信并激发出正面情绪。换位思考，若今天我们有这样的朋友或约会对象，想必也会喜欢与他聊天，让关系越来越近。

然而，在使用肯定与赞美时，也必须留意避免成为马屁精。两者最大的差异在于是否真诚一致，这也决定了对方是真的想跟你更亲近，还是表面接受但私下提防。真诚指的是我们的确观察到对方优点，且打从心底认同，甚至觉得敬佩，才会肯定和赞美。

一致则是真诚的延伸，我们的称赞不会在短时间或因不同对象而迅速改变，更不能人前人后两个样，表面上三句话不离"你好棒啊""你这么努力真厉害""真是太辛苦了",转过身却是大翻白眼,甚至在他背后批评抱怨。这种双面人迟早会露馅,对于关系有极大的破坏力。

因此,在给予他人称赞时,首先一定要留意力道的拿捏。在"质"的部分,概括性肯定后尽量明确具体、精准赞美,如果一直打迷糊仗"很棒""很不错""了不起,负责",很容易就给人不真诚的负面感受。其次在"量"的层面,刚认识尚不熟悉时,过多的肯定赞美会让人觉得你很滑头,被贴上虚伪的标签。

几年前我参加一场聚会,朋友介绍一位合作伙伴让彼此认识,我才刚讲完名字与工作,这位老兄就放大音量说着:"啊,原来是玛那熊啊,您是很有名的作家啊,我还经常看您的文章呢!久仰久仰!"我当下也礼貌地道谢、寒暄,虽然小开心但其实也有些尴尬。那时我才刚刚开始着手写作,好评的文章也没几篇,但对方的马屁拍得过于浮夸,反而让我满脸黑人问号!

最后,与人聊天时未必只能称赞对方,表达出对别人的肯定和赞美(不论此人在不在场)也能制造好印象,让互动对象看见,我们善于发掘、懂得欣赏别人优点,"他感觉挺好相处的""他不太会批评或嫉妒别人""他说不定也会跟别人称赞我",都可能使对方产生正面猜测。

4-3 关系中的热咖啡：安慰技巧

"唉，最近好烦啊！"在一家乡村风的咖啡厅，绑着马尾辫的 Ruby 说道，"部门新主管真的好严格啊，公司气氛特别的紧张，让人喘不上气。"

"我跟你说，这种事很常有，没什么大不了的。新官上任总要来个下马威！"Ross 摆出一副前辈姿态，想展现自己的社会历练。

Ruby 皱了一下眉头："可是她真的太夸张，什么都要管，搞得办公室气氛那么差，大家怎么能好好工作啊……"

不等她讲完，Ross 抢着"鼓励"："你就把事情做好，别想太多，留好印象给主管绝对利大于弊。我也是这样过来的，想当初……"Ross 显然没观察对方的表情，也未能评估她是否出现友好指标，就不断高谈阔论大道理，还猛提自己当年勇。这让

Ruby 懒得再多说,心里忍不住嘀咕抱怨:你到底说完了没有?

这种场景也许你也遇到过,聊天过程中对方开始跟你诉苦,你试着安慰、鼓励或帮她想解决之道,得到的回应却是平淡的"谢谢"两字。当随着分享故事、发问、积极聆听、延伸话题及肯定赞美,关系不断拉近,并建立信任与好感后,人们可能开始尝试向对方分享更深的话题,如生活烦恼、工作不顺、人际冲突、生涯难题,甚至是过去的情伤。为何如此?这回到了第一堂提到的关系本质:依恋。我们喜欢被陪伴、被理解,尤其是若将对方视为"考虑长期交往的对象"时,更会期待有好的陪伴质量。

然而,当朋友或约会对象抱怨、诉苦、谈心事时,往往会让我们慌了手脚不知如何应对。为什么会这样呢?在我们的文化与教育中,情绪是较少被触及的一块。特别对男人来说,情绪还可能被当成可怕的怪兽,难过、悲伤、挫折的心情万万不可出现在自己身上。男人若被发现掉泪,绝不会得到"不哭不哭"这种温和的拍拍,而是"男孩子哭什么哭!要勇敢""你是男生,怎么像女生一样动不动就哭啊""哭什么啊,走,喝酒去啊"!这些经验让我们在逃避负面情绪的同时,没有机会培养安慰别人的能力,想帮忙却总是用错方法,也挺无辜的。既然"陪伴"是人们在关系中想寻找的元素,我们就得学习如何在对方诉苦时,用恰当的方法来帮助他,以及更重要的……让关系更进一步深入。

让你踩到雷区的三种最糟糕的安慰句

在几场爱情讲座中,我曾询问台下的男女成员,他们表示心情不好时,最讨厌听到的安慰句子,我对此进行了后续研究。当对方找你谈心或者倾诉时,以下三种安慰句,传到对方耳里其实是另一句刺耳的话:

"别想太多" = "你的感受不重要"

从讲座调查、身旁友人及咨询经验来看,这句话无疑荣登糟糕安慰句的第一名。对方就是很在意所以才找你诉苦,并期待有个人能懂他的心情,当你说"别想太多"就像是拿了桶冷水(还含碎冰),从他头顶猛然浇下,让他觉得你其实是在说"你的感受不重要"。原本已经够冷的心情,因为你不重视而直接结冻,连带让关系也快速降温。

"我当初也是……" = "你遇到的根本就没什么"

也许你打算通过分享自己悲惨经验,让对方觉得舒坦些(团体咨询的确有个技巧叫"普同感",但劝你别急着用);又或许你想展现攻克难关、披荆斩棘的英勇模样,来让对方觉得好棒,以此来鼓励对方。但太快打断对方，开始讲自己的 long story 往往令诉苦的人傻眼："所以现在是换你讲故事吗？"更糟的是，"我当初也这样"传进听者耳里容易变成"其实你的遭遇没啥特别的，并不是最糟糕的，我有过比你还糟糕的情况"。相当于"给某某一根软钉子"，中断他继续倾诉故事，安慰效果反而不佳。

> "你那样确实不对，你应该这么做……"="你就是不够好"

许多人被训练得不要触碰情绪，习惯用理性的思维来应对对方的倾诉或抱怨，最常见的不外乎这四招：**讲道理、评是非、装成熟、给意见**，想尽快帮对方解决问题。这容易让诉苦的人觉得"明明还不清楚就自以为是""所以都是我没做好啰""我自己知道怎么做，我就是想跟你倾诉下""怎么还给我上起课了呢"……这样对方不但无法接纳你努力想出来的建议，心情还可能变得更糟糕！帮助对方找出解决方法并非不重要，或者说不是最重要的，当人们受到挫折、委屈，处于负面情绪时，会希望先得到关心、包容与理解；**"情绪宣泄"永远优先于"事件解决"或"检讨对错"！**

在对方心中占有一席之地的卡位技巧

听到他人诉苦到底该怎么办？有些与异性交往的文章中分析

到从演化观点切入,强调男人就是要有男子气概、要霸气,遇到对方心情不好时应该就事论事,理性分析,或干脆用说笑话、展现幽默等方式分散对方的注意力。因此,我们看到有些男人虽然工作能力强,在职场呼风唤雨,或者幽默风趣,总能逗女伴开心,但面对别人诉苦抱怨时,他们总是不论是非就急着分析、提出策略,或是扯开话题、卖力搞笑,不仅无法缓解对方的糟糕情绪,甚至让对方心情更差,丢下一句"你根本不懂我!"而离开。

其实,不去纾解对方的负面情绪,总是躲避,对长期发展稳定的人际关系或者爱情关系都是硬伤。依恋理论告诉我们,人们将另一半视为生活与心灵的避风港,期待得到支持与关心,若你无法让对方安心依靠,关系必然受到影响,难以持续吸引。相反的,暖男的某些特质与能力(如同理、安慰、倾听),却能在此时发挥更好效果。所以啦,暖男在情场其实并不吃亏,前提是你能分清楚暖男和理性男有何不同(请再回到第一堂复习吸引与追求差异)。

上一节的肯定和赞美,仿佛是关系里的甜点;有效的安慰技巧,则是湿冷雨天的热咖啡(不喝咖啡请自行换成热可可或奶茶)。以下三种行动,除了能安慰对方,还能制造关系加温的正面因子。

专心聆听 = 我很在意你

现代人因为工作与生活步调匆忙，互动时常急着抢话或提出建议，别人话才说一半就被打断。你为什么这么急呢？先好好听对方说话吧！专心聆听会让他觉得你在乎她、关心她，尚未开口就先得到好感分数，何乐而不为？虽然我们习惯追求效率，但从容不迫更具绅士风范，何况先了解事件全貌，才能给出精准意见。

除了放慢回话速度外，该如何展现你的专心？前面已经提过许多，再次提醒眼神的重要性：务必在对方说话时看着他的脸（放下手机、平板，或将视线从电视移开）。另外，也可以将身体前倾靠近，并穿插"嗯"或点头等简单回应，以及灵活使用先前学过的三种发问技巧，鼓励对方继续说完，让情绪得到宣泄。

安慰情绪 = 我跟你同一阵线，我永远和你站在一边

当听了一段落，弄懂事情的脉络状况后，许多人早就等不及要发表高论、拯救对方（请小心别掉入讨好的陷阱）了。然而，"情绪优先"是沟通高手、情场老手常用却不说的秘密。请记得，解决困扰，攻心为上。避免提出建议却被当成干话的关键，就是当对方想得到理解和支持时，别急着讲道理、谈策略！先以理解对

方的方式回应，甚至偶尔附和，让对方觉得"你是理解我的，是懂我的""你是站在我这边的"，更愿意与你分享，并拉近距离。

用同情理解对方的技巧接住对方的坏心情，是心理咨询师最擅长的方法，其实你也可以运用这个技巧来处理别人的负面情绪。来看以下示例：

对方："那个同事真的很坏，一直跟别人说我的坏话，好烦啊！"

我方："这个人怎么这样啊，这种感觉特别不舒服吧？"

对方："对啊对啊，看到她就有气。"

我方："嗯嗯，这种人真的很气人。"

当对方诉说生活或职场惨事时，可留意是否有"情绪关键词"可以运用。还记得在"开启观察：从情绪明显处切入"提到的技巧吗？除了聊正面故事时可以从情绪切入，当对方倾诉负面经验时，情绪也是很好的接话方向。例如，范例用"换句话说"或"找相似词"来理解、附和，让她觉得两人处在同一阵线，给予心理上的支持。当然，肢体接触也是可行技巧，但记得点到为止，且得考虑双方目前的关系（别忘了善用友好指标来判断）。

提出建议 = 我能让你依靠

"但是，光同情理解又不能解决问题！"这是多数人对于以上两招存有的疑惑。我们当然也要就事论事，给出实质建议，但除非对方特别要求，否则请先聆听、理解后再开始运用理性。若你成功运用倾听、理解接住对方的心情时，他的情绪通常会开始缓和，这时便进入最后阶段：就自己的经验或知识，思考可行的策略，一方面协助处理问题，另一方面也让对方看见你的能力、历练与可依靠。不过，建议必须具体可行，才不会沦为不可靠。

上面的范例是对方被同事欺负，我们可以循序提出："那你在办公室有比较熟的同事吗？""跟她们搞好关系，或许有帮助。""放假时约吃饭、看个电影如何？""我就知道最近有间新开的餐馆蛮不错的。"

若对方的困扰难以立即解决，也别太担心。从小地方开始尝试改变，别一下好高骛远，做什么轰轰烈烈的革命。画大饼容易让人觉得眼高手低，还可能因失败而产生更大的挫折，如此一来就有接不完的苦水了（遇到较不理性的，还可能迁怒于你）。给建议宜用"分享""让你参考"的态度，而非"灌输想法""听我的就对了"这类强势命令，前者就像可以让你依靠的人生导师，后者通常不会让对方联想到帅气总裁，而是某位讨人厌的霸道老师！

还有一个关键是，给予建议时结合肯定和赞美技巧，找出他做得不错之处，或值得夸奖的地方，清楚地表达出来。切记，**不要无关痛痒地一直讲"你很努力了""你已经很棒了"**，这跟心灵鸡汤有百分之七八十的相似度！

　　总结来说，当互动对象或者约会对象伤心地向你诉苦时，气嘟嘟地和你抱怨时，别害怕接这个球。因为这代表他对你有一定程度的信任与好感，才会将自己的另一面表露出来，此刻你的安慰，是让双方更加亲近的绝佳机会。该如何将这杯热咖啡冲得顺口？务必遵循"**先拍拍，后解决**"六字箴言，安抚情绪、表现同盟态度，再共同探讨或给予可行的建议，帮助对方解决遇到的困扰。

　　很多人会问，倾听对方时，会不会让自己变成心情倾诉垃圾桶啊？

　　在谈安慰技巧时，一定会有人抛出这个担心：如果一直让对方倒苦水，我又不断安慰他，即使变熟了也只会被当成靠谱的兄弟或姐妹啊！如果我想吸引对方和其成为情侣，是否会陷入"朋友区"甚至被发"好人牌"？这个顾虑其实非常合理。

　　小纶找我咨询时，正卡在这个僵局中。他个性温和，人缘一直很好，常被主管指派负责新人教育。两个月前，他带的新人中有个小他四岁的新同事 Anita，很快他就对这位活泼的女孩产生了好感。

　　"刚开始虽然在公司会经常聊天，但一直没什么进展。"小纶说，"上个月我看她脸色不太好，发信息给她，问她怎么了，她跟我吐了很多工作上的苦水。"

小纶原本就很习惯倾听别人心事，Anita 很自然越说越多，心情也有好转。

"听到这里都还 OK，后来呢？"我问。

"她开始主动找我，甚至还约我吃饭，但都是在跟我诉苦或抱怨啊。"

"那在这个过程中你一直都在做倾听者的角色吗？"

"嗯，对啊。我想着把握相处机会，就尽量听她说，但越来越觉得不对劲。"

小纶提到，Anita 每次找他都只是讲心事，即使约吃饭，也总在抒发心情，听完建议后就结束约会。

"玛那熊，我是不是网友说的'情绪垃圾桶'？"

"是的。"我斩钉截铁下了判断。

为什么如此认定？小纶与 Anita 的互动出了什么状况？该如何破解？

聊天话题固定

当对方倾诉心事时，我们提供安慰与陪伴能有效拉近关系，同时也能增加斯滕伯格爱情三元论中的"亲密"元素。但如果对方只跟你吐苦水，而你又只会安慰他，你就会陷入小纶的窘境。

因此，不能每次都只聊心事，当运用安慰技巧让对方情绪舒缓后，应该重回分享故事、发问、聆听、再分享或发问的正面循环中（当然，也别忘了肯定技巧），并持续收集友好指标。

约会模式僵化

在小纶的例子中，即使两人外出约会，也都在做同样的事情：吐苦水、求安慰，这对于推进爱情关系极为不利，因为很难制造暧昧。要观察的是，对方主动找你，是否只为了发泄情绪或压力。要避免这种情况，我们可主动在对方心情好时邀约对方，并规划多元行程，不要只有吃饭，可再加上看展览、手作体验课程甚至户外活动。简单来说，就是让你们的约会不只是"坐着讲话"。

个人角色定型

若你持续重复安慰对方，互动话题只有单向聊心事，每次约会也只为了诉苦，容易让对方不自觉给你身上贴"情绪垃圾桶"的标签，走到这一步要逆转的难度也随之提高。你在对方眼中不能只有一个样貌、一种特质，如总是倾听却不谈自己，或总是附和却不提出解决方案。偶尔表现出与平常不同的方面，将会创造出新鲜感与神秘性，对暧昧营造具有很大效果。当然，你表现出的反差，得是正面或无伤大雅的。例如，平常以静态活动（桌游、阅读）为主，却突然分享了自己去泛舟或室内攀岩的经验；或平常温和好讲话，却坚持某些原则、展现主导性。

总结来说，若对方跟你的话题几乎都在诉苦，或是心情不好才主动邀约，但当你试着聊其他主题时，他大多没有什么兴趣，极少出现友好指标，甚至不愿进行其他约会，那你很可能沦为对方的"情绪垃圾桶"了。

避免沦为"情绪垃圾桶"的应对方法

状况	NG 行为	破解技巧
话题固定	每次都只跟你聊心事	安慰前后，要分享 & 发问
约会僵化	只为了聊心事才约你	主动邀约，设计多元行程
角色定型	总展现同一个特质	偶尔制造反差

从上述的示例中我们可以看出来，小纶很大的概率已被设定为"情绪垃圾桶"。相反的，如果双方常聊天、约会，也有肢体接触、互开玩笑等暧昧元素，当对方偶尔找你倾诉烦恼时，绝对要把握机会，运用安慰技巧拉近关系。这种情况，你根本就不是什么垃圾桶，而是对方信任、考虑的对象。

实战练习：负面情绪同理练习

前面提到要先处理对方情绪，接下来才是安慰或给予建议，然而常出现的状况是：我们对于负面情绪的词汇过少，或是太笼统、空泛，导致无从反应甚至不知道对方的感觉。练习扩展个人的情绪数据库，对于读懂对方心情、进一步安慰都有相当大的帮助。

但是，我们总不可能整天请人讲负面情绪给你听（除非你是心理咨询师）。其实，追剧、看电影、阅读小说等都是好方法，请先准备一段有负面情绪的情节，并试着猜想该角色的心情，为什么会产生这种心情，以及你观察到的线索，或猜测的理由。接着，想想如果安慰对方，可以说些什么。若生活中有朋友、约会对象向你倾诉时，也可以在事后用以下表格练习。

示例

情节简述	好友参加摄影比赛，表示他选了几张不错的照片投稿，可竟然都没有入围，觉得很糟糕。
可能产生的情绪和产生依据	失望：他原本好像挺有信心的，以为能得奖，结果竟然都没有入围。
	生气：朋友在说这段时，骂了脏话。
	沮丧：朋友最后说"可能我不是那块料吧"，而且语气很低沉，表情皱眉。

同理练习	失望：应该会有些失望吧？以为有机会，结果却是这样。
	生气：这真的会很生气吧。
	沮丧：感觉到你在犹豫要不要放弃，因为会怀疑自己。

练习

情节简述	
可能产生的情绪和产生依据	
同理练习	

关系中的"香槟"：幽默回应

用赞美作为甜点让互动舒服，以安慰充当咖啡让相处温暖。然而，甜点一次吃太多容易腻（变成拍马屁），咖啡也得看情境适时适量（避免成为"情绪垃圾桶"），什么东西是多多益善，适合绝大多数的社交或约会场合呢？

场景是台北市区一家饭店，我受邀参加了某品牌的旗舰店开幕派对。DJ 播放着跃动却不落俗套的音乐，台上的舞者进行着迷幻风格的表演，加上精致的场景布置，真是个适合夜晚聚会的好地方。然而，我发现真正让我跟朋友放松聊天、自在社交的，是服务生所递上的用高脚玻璃杯装的淡金色液体。

"这也太好喝了吧？"我饮了第一口，立即说道。

"哈，你喝的是 Dom Perignon 啊！"懂酒的朋友为我解惑。

"难怪，真的名不虚传。"一伙人继续小酌聊天，在愉悦气氛中聊到忘我。香槟就是有这种神奇魔力，营造出轻松有趣、自在愉快的气氛，不会过于拘谨但又保持礼仪。

聊天时，有没有"无形的香槟"能让对话欢乐却不放纵，甚至使人如沐春风呢？有的，就是幽默感。若你在网络上问："什么特质能吸引到约会对象？"成千上万（且大概单身）的人会回你："当然是金钱喽。"而真正内行的"老司机"会说："是幽默感。"想想看，身边是否有这样的朋友：与他聊天可以很自在随性，且总会觉得对方所说的东西、做出的回应很有趣；他并非讲了什么笑话，也不是刻意用夸张的肢体语言，然而你就是觉得这人很好玩、不轻浮，从来不会冷场，也不会尴尬。他也不怕被大家开玩笑，甚至会拿自己的小丑事来缓和气氛。这就是一个有幽默感的人。

许多人常将幽默与搞笑混为一谈，以为是同一件事情。搞笑是搭配特意为之的非语书信息，如拉高音调、放大声音或奇怪的语气。也会用夸张（或有点怪异）的手势、动作辅助，吸引全场目光。善于搞笑的人会准备许多笑话、奇闻逸事、他人出丑的小事作为话题，逗得听者哈哈大笑，产生"你也太夸张了吧""这太好笑了吧"的感觉。若要说幽默与搞笑的差异，我认为是"自然与刻意"。

搞笑虽然让我们觉得有趣，却如同过甜的碳酸饮料，刚入喉觉得清凉舒畅，但只要一多就容易腻、不舒服，有时还会觉得有些烦。我们对刻意、夸张的表演会觉得"好笑""很闹"，却不觉得幽默。幽默看似自然，但会延伸出机智、反应快、有创意、想象力丰富、自信、平易近人、好相处等印象，对于关系吸引具有很大的帮助。

幽默的界线拿捏

"玛那熊老师，我现在知道幽默感很重要，那到底要怎么做，才能吸引跟我约会的女孩啊？"在讲座上，一位学员急着举手问道。

"这位同学问得好，"我竖起了大拇指，"首先呢……"接着放慢说话速度、看着对方，"你得先找到愿意跟你约会的女孩。"

话一说完，整场大概八成学员都笑了出来，包括这位发问者。我等笑声转弱，快速接着说："嘿，开玩笑的，从你积极发问的态度来看，我不担心没有女生跟你约会。"

出乎意料，却又合情合理

记得大学的一堂历史课，老师在讲述历史学理论，详细内容我早已遗忘，却始终记得他微笑说道："回头看历史某个事件，刚开始出乎意料，但仔细探索后又觉得合情合理。"在上述故事中，你会发现幽默的关键就是制造意外，也就是让对方感到出乎意料，与原想象或猜测不同。起初大家期待我要认真回答问题，可能要传授什么厉害招数，但说出来的"好像不是重点，却也没有说错"。也就是说，虽然让对方意想不到，但回过神后又找到脉络，而不是毫无逻辑的接话。

某次我跟朋友约在餐厅吃饭，点了一锅姜丝蛤蜊汤。平常喜欢自己开伙、走健康养生路线的 Sara 喝了一口后面色凝重地说："外面卖的蛤蜊，都不知给它们吃了什么东西，吐沙吐得很快。"

"泻药？"我随口回道。结果 Sara 的汤直接从嘴巴喷洒在桌面上，边笑边怪我破坏她淑女形象，嘴里还不断地说："你也太搞笑了，厉害，竟然能想到这个！"

在这个故事中，"泻药"根本是乱扯的答案（不可能吃这个），但又与 Sara 的问题有些许关联（吃了后吐很快）。

营造悬疑气氛：卖关子很重要

幽默的主要原理，是人们处于紧张情境，突然发现"无害"：原本的焦虑、担心、困惑等情绪瞬间得到释放。这是一种因前后反差造成"松了一口气"而感到轻松愉悦，以及"哎呀，原来如此"的感受。所以，在聊天时制造转折，拉高气氛的压力值（或困惑值）后，再一口气释放，会达到更好的幽默效果。

在幽默表达技巧中，最简单的就是主动分享有趣故事，如果是同样的内容但能够不断加入新的创意，效果也会迥异。

普通版：我有个朋友阿泰，十八岁就跟着家人去南非，最近才回来，跟我们约吃热炒。因为南非很热，所以他理了短平头，皮肤又黑。我就说："泰哥，你十几年没吃到这些料理了，多吃一点。"结果隔壁桌三个小女生听了后赶紧吃完离开。

进阶版：我有个朋友阿泰，十八岁就跟着家人去南非，最近才回来，跟我们约在热炒店，结果隔壁桌三个小女生迅速吃完离开。你知道为什么吗？我也很纳闷，正觉得奇怪呢，一看阿泰才知道怎么回事（停顿）。他理了很短的平头，皮肤又黑，加上我说了句："泰哥，你十几年没吃到这些料理了，多吃一点。"

普通版本身是个有趣故事，多少能有些幽默效果，但过于平铺直叙，没有转折。进阶版则刻意营造悬疑（三个小女生突然吃完离开，一看阿泰才知道怎么回事），并运用停顿引发对方更多好奇心，甚至可以结合发问："你猜怎么了？"这样一来便让气氛变得紧绷："到底怎么了？""有什么古怪吗？"最后才公布答案，让对方惊觉："啊，原来是这样啊！"

在一场谈吸引力的讲座的尾声，有位学员提到过往以为只要埋首工作，就能让别人喜欢他，但今天听完有了新的领悟。他的分享引起其他学员共鸣，相互回馈后，另一位学员问我："玛那熊，你能否推荐有关聊天的书，让我们回去继续学习？"

我深思三秒后说："嗯……有一本书特别推荐，但要再等半年才买得到。"接着刻意停顿不说话。学员们瞪大眼睛等着我的答案，且都很困惑："为什么？""是缺货吗？"

"因为我还在赶稿。"答案一出，大家都笑出来，还有人喊："老师你也太搞笑了！"

这个过程就是在制造悬疑、卖关子，让气氛紧绷到顶点后突然释放，产生欢乐、轻松的结果。

用对方能懂的语言

"聊不来"的人有两种：一种是实在太木讷、太安静；另一种则是频率搭不上，也就是性格不合，频道不同。沟通基本要素，是用对方听得懂的"语言"，包括词语的深浅程度。例如，之前提到在心理咨询师聚会中，"情绪"这个词会被频繁使用，但大部分人聊天则较常用"心情"。更重要的在于，你的用语是否贴近对方生活圈（专业说法：文化脉络）。

如果你的聊天对象常用网络，那么，"87分不能再高""我觉得可以"较容易引起共鸣。反之，若对方并非网络或游戏资深乡民，你突然一句："哇，某某有枪啊！""晚上开黑啊？"会让他一脸迷茫，完全不懂你们在说什么，会觉得自己融不进你们的圈子。所以，用大家都能听得懂的语言很重要，在幽默技巧中也同样适用，甚至是必要条件。某次我到北部一所理工为主的大学演讲，上厕所时隔壁男学生不停"嘿嘿"地笑，让我觉得十分诡异。学生离开后我探头一看，原来墙上贴了一则笑话：

"为什么程序员、设计师常常不会分万圣节跟圣诞节？"

"哦，因为 Oct 31=Dec 25 啊。"

我像看到外星语言，完全笑不出来……为什么？因为这个内容与我的知识背景、生活圈差距太大了。但这对理工背景的人来说，会觉得实在幽默，因为这个笑话中的"笑点"与他的知识库有关联。也就是说，若聊天对象有类似背景、习惯或经验，你的有趣故事才会有效果，或者效果会更好。

身为讲师，我常去各个地方演讲。某次搭乘地铁到新竹，因为车票要报账，所以我走向人工闸门准备盖证明章。有位小姐同时走过来，于是我们各拿一个章盖下，拿起来瞬间两人都笑出来。我的车票印着"新竹站证明"，她的则是"作废"。

如果你本身是通勤族，用过出口的证明章，听到这个故事就可能会心一笑，并回想起自己的搭乘经验。所以，不妨在聊天时多聆听对方的生活背景，分享关联度高的有趣故事，效果更好。

我演讲时习惯先了解成员的族群特质（学生？上班族？年

龄？背景？）然后做出适当的调整。除了调整内容外，我也会在文字使用上做变化，即使临场想要加东西或幽默词汇，也要用对方能懂的笑点。在一次以男生为主的讲座上，有位看似七年级的成员发问："玛那熊，我上次参加联谊时，女生聊的话题我根本不懂，当时整个场面特别尴尬！遇到这种情况该怎么办呢？"

"这个时候，"我灵光一闪回答道，"我想只要微笑就可以了。"

简单一句话让台下许多成员笑了出来，因为这句话是此年龄层男生的回忆[1]。然而在某大学的九型人格讲座上，我用"玻璃心碎满地"来描述被打脸时的反应，也让台下出现笑声，但下一句"搞不好还会喊'连我爸爸都没打过我'"却让气氛骤降，整场尴尬症发作。看来，这句台词已经离八年级学生太远了[2]。

幽默绝不能建立在攻击或批评上

第一次见到小罗，我对他的印象是开朗、风趣，他能跟大家

---

[1] "这个时候，我想只要微笑就可以了"出自一九九五年庵野秀明导演的日本动画《新世纪福音战士》，常被影迷简称为"EVA"。前半部走机器人对抗不明生物的热血路线，后面开始转为意识流风格，蕴含许多哲学、心理元素，很合当年的青少年口味。

[2] "连我爸爸都没打过我"出自一九八〇年代经典动画《钢弹》男主角之一阿姆罗。他从原本的中二生逐渐成长，扛起地球联邦军对抗吉翁公国的重责，与另一主角夏亚共同演绎出这部精彩的作品。

很快就聊起来。后来我因为忙其他计划，有阵子没去参与聚会，却有朋友私下问我：

"玛那熊，你还记得小罗吗？"

"记得啊，虽然只见过一次，印象中他挺开朗的。"我说。

"哎，群组里越来越多人在抱怨他。"

"怎么回事？"我大感意外，毕竟我只见过小罗一次，有些东西得持续互动才能观察出来，于是我又回去参加了聚会。

"嘿，熊哥好久不见啊！"小罗对我热情打招呼，正当我纳闷大家是否误会他时，立即就被打脸了。

"你呀，不来参加聚会是不是都跑去吃其他好吃的了，肚子变大了耶！"小罗作势要摸我的肚子，让我心里闪过"呃，跟你很熟吗"的腹诽。

"熊哥你这样不行啦，男人要有六块肌，不是鲔鱼肚啊！"他继续开着玩笑，我瞄了旁边的朋友与其他成员一眼，发现气氛有点尴尬。

"鲔鱼肚？在哪里？"我刻意放大声音，猛吸一口气让小腹缩进去，接着很快吐气，并装一副快吐出来的样子，"糟糕！没气了，藏不住啦！"

这让周围成员笑了出来，气氛也轻松了些，而我也大概了解朋友所说的情况了。

不论小罗是无意或有心，"开对方玩笑"的尺度一定要格外谨慎，以免让人觉得你在攻击、批评他，这样不但没有幽默效果，还会造成误会与不舒服。**若在聊天时开对方玩笑，记得补上一个肯定，让整段话的焦点停在褒扬而非贬抑。**请回头看前面关于讲座的例子，我对发问学员开了一个玩笑"你得先找到愿意跟你约会的女生"后，随即表达出对他的肯定（态度积极、不会没有女生约会的）。简单来说，幽默并非通过讽刺、贬低对方来展现，那叫不厚道，严重地说，就有一点人身攻击的味道了。

幽默的展现技巧

那么，幽默到底该如何使用呢？其实没有你想的那么复杂，最基本的是主动分享有趣的故事，运用停顿制造悬疑，通过发问来卖关子。除此之外，还有三种方式来展现：主动技、被动技、反击技。

主动技：夸张自捧

聊天时，可以刻意称赞自己，让对方出现"真的假的""少来了""怎么可能呢""我才不信呢"的反应。这种自捧不是真的要炫耀，不能过于认真地吹嘘自己有多厉害。

认真版:"我是××大学硕班毕业,目前已经是公司小主管,年收入不错,有房有车。另外,我对感情认真专一,人缘也很好,跟同事、朋友相处愉快。平常也会运动、爬山,偶尔会自己下厨。"

幽默版:"我常跟朋友说,其实我很羡慕他们。"(稍微停顿,或等对方问为什么)"**因为他们身边有一个很nice的朋友!**"

这时看对方反应,如果达到了"笑果",可再继续补充:"**真的啊,既能入得了厨房,又能上得了厅堂,还能爬得了山,厉害吧!**"

如果气氛小尴尬,则自行圆场:"开玩笑的,不过我蛮喜欢跟朋友一起去运动、爬山,或是请朋友来家里做客,有时间请大家来家里吃饭,我下厨。"

有位讲师朋友跟我说:"嘿,上次讲座特别推荐了你的穿搭技巧啊,我跟学员说玛那熊很有型。"

我秒回一句:"嗯,你很诚实,真是位好讲师啊。"

虽然是夸张自捧,但建议以"将七十分讲成一百分"为主,"将三十分讲成一百分"为辅,才不会被贴上爱说大话的标签。

被动技:创造意外和刻意打闹

进阶的幽默,其实是接话的艺术。也就是在对方说话(或行为)后,随机应变做出让他出乎意料的回应。前面已经提到反差的重要性，不论是讲座回答，或蛤蜊吃泻药的例子，都属于被动创造意外效果。

某次我接受了网络媒体采访，地点选在一间餐厅。在寒暄、交换名片后，气质出众的记者问："玛那熊，您想喝什么呢？"

因为我那阵子努力减糖，所以回应说："没关系，你点就好！"

"你也点啊，我们公司会出钱。"

"是吗，那来瓶香槟王，谢谢！"

这个"意外"让我们迅速破冰，缓和了刚见面的僵硬气氛。要提醒的是，这同样得符合聊天循序渐进的原则，还不熟时可别力道过猛，以免惊喜变成惊吓！

例如，当记者问"想喝什么"时，如果我接一句"我想呵护你"，大概就会让空气瞬间凝结，搞不好还被视为性骚扰。因为我跟对方刚认识，这种带有打情骂俏性质的回应，请等到友好指标较强，甚至有暧昧情愫时再用吧。

除了创造意外，在互动时开对方玩笑也是一种幽默技巧，但必须考虑双方交情，是否已经收到不少友好指标。另外，开玩笑不是直接呛人、酸对方（那叫人身攻击），而是用无伤大雅的吐槽来达到打闹效果。若使用在约会对象上，则有助于营造暧昧情愫。

某次我在赴约路上突然下雨，刚好几个汽车业务员走在前方，有位个子娇小的年轻女生撑着伞，旁边则是位四十岁大叔并行。只见大叔用手指顶了一下伞说："啊，撞到头了！"简单一句就逗得小女生笑开怀（我怀疑他刻意让小女生撑伞，埋下这个点，原来是擅长撩妹的朋友呢！）。依照对方行为、状态创造意外，加上双方原本就有交情，且尺度拿捏恰当，便不会让对方觉得被恶意嘲笑。

还有，当你邀约对方一起去跳摇摆舞，但她回应"不要啦，我会手忙脚乱"时，该怎么办呢？有些人会认真解释这种舞蹈很简单、轻松，有的人则打退堂鼓放弃。下次不妨轻松点，开个小玩笑吧："哈，那我更要拖你去了！""放心，我会忍住不笑出来。"如果对方回应一个微笑，或是"你很坏耶"，即使最后没约成，你们之间的关系仍然有进展。

反击技：轻松自嘲

还记得幽默的第二原则吗？处于紧张情境的人们，原本感到焦虑、担心或尴尬，但因为我们的某个反应瞬间得到释放、松了一口气。**幽默的最高境界，是将别人制造出的紧张气氛，四两拨千斤地化解，同时为自己与对方解围。**例如，前面提到，小罗拿我身材开玩笑时，其实场面有点僵，但我并非用"不是啦，我是因为最近忙工作""变胖了吗？应该是我穿得比较多吧"认真解释或反驳，而是先收腹假装要藏着，后来干脆承认有肚子，让原先有压力的话题转为轻松有趣。

自从看了电影《金牌特工》后，我迷上了绅士装，还跑去专柜买了西装背心作为战袍。在一场聚会上，有位老朋友带着一位女生过来打招呼。

"嘿，玛那熊，这是我女友 Amber。"

"哈啰，我跟 Mike 是大学时认识的朋友，目前是心理咨询师。"我点头示意。哪知道 Amber 笑着说："不好意思，我刚以为你是服务生呢！"虽然 Amber 没有恶意，但气氛还是有些尴尬。我立即刻意客气有礼回应："哈啰小姐，可以帮您点餐了吗？还是需要帮您介绍酒单呢？"

自嘲关键在于"示弱藏锋"，带着自信自我调侃、吐槽、开自己玩笑，而非悲观怯懦、自卑自贬。配合对方的话语，这种回应非但不会让对方认为你真的很糟，反而觉得你很幽默，留下正面印象。甚至可以将自嘲跟自捧结合，让人在欢乐的气氛中看见你的优势。

我习惯在演讲最后预留问答时间，某次主题为"终结母胎单身的互动技巧"演讲，最后有学员举手发问："玛那熊老师，我想知道你追求女友的过程！"

当时我考虑时间有限，希望回应与内容较相关的问题，且不打算将个人私事讲得巨细无遗，所以快速回了句："那我可能要写篇论文了耶。"

这位学员不放弃，又追问一句："老师，那你交过几个女朋友呀？"

"同学，你是问有记录的还是没记录的？"我反问。

学员："嗯……有记录的。"

我："四位。"

学员："那没记录的呢？"他再问。

我刻意皱眉说："哎，你是要害我回家跪主机板吗？"然后在大家的笑声中结束这一回合。

幽默感养成术

提了这么多幽默的方法、好处，那该如何培养幽默能力呢？

增广见闻与知识

如同第二堂提到的，聊天话题来自生活经验的多寡，幽默也需要以见闻、知识为基础，拥有够广够深的数据库时，才有东西可以回应对方。例如，上面记者小姐请喝饮料的故事，我用了香槟王来回应。之所以能用这个点，是因为我在一场活动喝到它后对它感到好奇，于是搜寻数据、吸收知识（就是这节最开始的故事）。又如，幽默技巧中很常用的文字游戏，包括同音异字（颜值高的人很闲→盐值高的人很咸）、相近音（喝→呵护），也需要有足够好的中文知识。幽默虽然与创造力有关，但创意其实很难无中生有，它奠基于你原本拥有的知识经验。所以，多元阅读、不断吸收新知并拓展生活圈，是建立幽默感的第一步。

多听多看多观察

幽默感跟学习语文的"语感"很像，是一种长期经验的内化与累积。参考具有幽默感的人或作品，是一种很好的方式，但不建议全盘模仿、直接照抄，而应去了解对方如何营造幽默（主动？被动？反差？自嘲？文字游戏？），再将它结合自身经验，创造出属于你自己的幽默故事或句子。网络上有许多吴宗宪的主持片段，就是很好的范例，或是一些知名的漫画创作，也蕴含许多幽默点。

放下焦虑，设定合理目标

焦虑会让我们无法专注于当下而忽略对方的信息，且耗尽大脑资源，让人很难互动下去，更别说制造幽默气氛了。许多人（尤其是人际焦虑者）习惯将聊天当成考试、面试，总在烦恼该如何满足甚至讨好对方，好得到高分（被喜欢）。越在意表现，越难顺畅互动，也就越担心被对方"刷掉"，形成恶性循环。

不少人际关系、恋爱的文章提倡"无所期待""无欲则刚"，然而人的行为皆有其动力，无欲无求不但违反人性且不切实际，反而会让我们因为达不到目标而变得更加焦虑，或是让自己显得过于冷漠、高姿态。因此，与其无所期待，不如设定"合理期待"，如第一次接触时，目标是让对方想持续跟你聊天，而非让他喜欢我、觉得我很棒；与有好感的对象初次约会时，目标是让他心情好、舒压放松，而非想跟我交往。另外，说故事的关键是"分享"，而非"讨好"，别让关系又回到追求的套路中了。

练习轻松回应，幽默自然产生

幽默没有你想的那么困难，也并非什么神奇招式，一出手就能让对方立即喜欢你。幽默的开端其实就是轻松回应别人的话语和行为而已。

之前我在台北某大学担任心理咨询师，搭公交车离开时，因为适逢假期前夕，车上挤满了人。这种状况下大家通常情绪都不会太好，毕竟挤来挤去，加上路段弯道多，更是不舒服。不料即将离站时，司机用车内广播大声说："要关门啰！门边的同学练一下缩骨功哦！"准备大转弯前，他又说了句："要转弯啰！握好把手，别把别人当肉垫！但如果要报仇的话，就看你自己功力了！"让不少学生笑出来，也舒缓了车内的气氛。最让我印象深刻的是，路边有民众以四十五度角高举右手拦车，司机随口说一句："哎哟，好像希特勒咧！"让喜欢读历史的我嘴角直接失守，不禁上扬起来。

这种轻松面对生活和工作的态度，就是一种幽默。比起技巧、话术、惯例，心态才是展现幽默感最需要优先建立的元素。当你带着"玩心""乐观"去看世界，与人互动才比较容易出现"神回复"，展现出你独特的幽默特质。

某次我与一个新单位合作，前往演讲前我已提供了会用到的数据（身份证号、户籍地址、账号等），联系窗口因为是新人，我要签领数据时发现她并没有将数据打印出来，我得自己重新填写。对方发现后很尴尬地道歉，我看着她紧张的模样，便用轻松的语气说："咦，金额也是空白，那我可以自己填个数字吗？"顿时让在场工作人员都笑了出来，那个联络的新人也放松许多，得以专心处理演讲事务。

能临时接这句话，是我当下真心觉得"没关系，难得写字当练笔"，我并没有因为对方的小疏漏感到不悦，才能幽默回应。因此，我鼓励大家，不管在工作、生活还是人际互动中，可以做最好的准备，但也别过于强求甚至苛责。

训练联想力，培养发散思考

在前面（听完了，接下来？）那节，提到认知模式有两种：其一是以归纳、演绎、推测为主，"合于逻辑或某种规则"的聚敛思考；其二则是以联想、猜测、脑力激荡为主，"未必合于旧有逻辑或规则"的发散思考。当时我预留了一个伏笔，告诉大家发散思考除了有助于"接话"外，还有一个功能，现在我在此揭晓答案，这个功能就是增进幽默感。前面提及，幽默的主要特点是出乎意料，也就是跳脱多数人的固有想法、预期或聚焦思考，而是从你的知识库、经验柜中寻找"跳跃但有相关"的东西，并进行回应。

日常生活中，试着让自己不要只有一个角度思考，要多思考其他可能的解决方法，即使刚开始觉得很"不合逻辑"。要留意别总是用过去的经验、固有的习惯来处理事情，至少听听不同人的看法或意见。当然，多玩几次（听完了，然后呢？）实战练习的词语接龙游戏，也能训练发散思考能力。

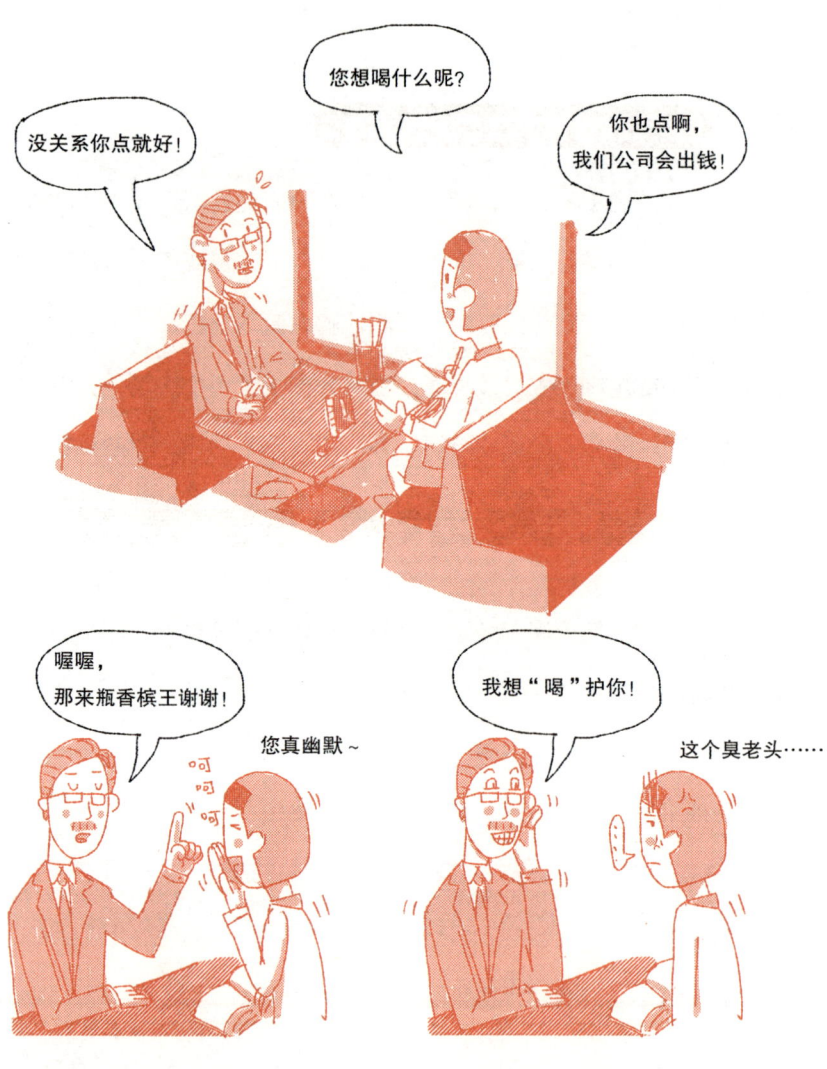

第五堂

让关系不再挫折

5-1 上场聊天去！第一印象很重要

经过前面的学习与练习，你已经拥有一定的聊天基础，与过去截然不同了。此刻，该是上战场的时候了！要持续精进互动技能，最有效的就是实战、实战、再实战，通过累积经验来验证学到的知识并熟悉技巧，在社交或约会时更自在，甚至开始享受聊天。若你仍感到紧张，别忘了从"练习"的角度来看待前几次的互动，且谨记"分享"故事的精神。或许你已经跃跃欲试，我的顾虑是多余的。然而在冲上战场前，仍有最后一些步骤要准备，以提升胜算。

正如同一位骑士出征前，会准备好自己的盔甲，当我们要参与一场社交活动或约会时，也得搞定装备才行。外在形象在本地非常容易被忽略，甚至被污名化。

"哼，这书的作者真是肤浅！"

"哥靠的是内涵好吗？外在形象是什么东西！"

"哎呀，金玉其外代表你败絮其内啦！"

"人帅穿什么都一样，人丑怎么穿都没救！"

各位朋友，我们都一路走到这儿了，请先深呼吸、沉住气继续读下去。看完再决定是否运用外在形象也不迟，对吧？

都是脑补惹的祸："光环效应"

在第二堂中，我们曾稍微提过外形的重要。为什么你需要在约会、互动时经营外在形象？前面提到"光环效应"，指的是我们对别人的认知判断，习惯从部分扩散到全部，意即从一小部分线索过度推论，放大到整体印象。当你注意到某人有不错之处时，会给予高于实际表现的正面评价，如在网络上总有人说这样的言论，"人正就是正义"。反之，当你看见某人现场出丑时，会给他大于实际表现的负面评价，俗话说"人帅真好，人丑多作怪"就有这个意思。

最直白的说法就是，人们很喜欢脑补，在信息爆炸的时代用"见微知著""一叶知秋"这套，是否精准不是重点，节省时间才是我们要的（当然，社交经验越丰富的人，判断力往往越准确）。

既然人们爱脑补，那我们能否反过来运用"光环效应"制造好感？这就是外在形象效果：让对方因为第一眼看见的影像，形成好印象并产生好感觉。

很多人搞不懂所谓"感觉"到底是什么，它看似虚无缥缈，但其实有迹可循。感觉来自对方互动中，经由众多观察与感受形成对你的印象，是一种由下层各种线索，向上形成概念的过程。有趣的故事、自然的接话、适当的问题、专心的聆听、幽默的回应等，都属于下层线索，甚至更细致地去看，就是文字的使用、表达的音调、聆听时的眼神等。而外在形象就是其中一个重要的线索。

营造外在形象才能取得互动门票？

那么，光靠外在能立即让对方愿意靠近你，跟你做朋友或交往吗？除非像我这样号称咨询界金城武的（开玩笑的），否则光靠外表难以直接建立长期、稳定的关系（这个是真的）。**建立外在形象的目的，是提高对方愿意聊下去的概率，也就是取得互动门票，哪怕仅仅是一般社交或职场互动**。当双方初次接触，对彼此了解并不多时，外在形象就是你的第一张名片，而且影响巨大。若是在约会、联谊场合，那它就更重要了。日本沟通专家箱田忠昭在《让你在乎的人都喜欢你》这本书中认为，两个不认识的人接触后，四分钟内就能决定是否继续互动下去；国际知名的沟通权威莱拉·朗德丝在其著名的系列作品《跟任何人都可以聊得来》中亦提到，你第一眼看到对方，对方第一眼看到你，都是决胜的关键，双方会做出"继续下去还是暂停交流"的判断。莱拉甚至用"第一印象，没有第二次机会"提醒我们别轻视它的重要性。

"大家玩交友 App 吗？"某场讲座上，我做了这个调查，现场一共有五十个人，约有百分之七十的人举起了手（我猜有人回避了这个问题，应该有更多人使用过）。一位成员分享他用的 App，每次使用会跳出一张照片，下方有简短的资料：昵称、年龄、身高、体重、职业、居住地。如果你对他感兴趣，手指往一边滑动就会将他加入追踪清单，往反方向滑动则是谢谢再联络，接着跳出下一个对象。

"想象一下你们今天在用这款 App，根据什么决定往哪边滑？"我问台下的大家。成员没有立刻回应，于是我再问："照片与资料，哪个让你决定想不想联系对方？"

"照片""当然看脸啊""身材吧""我觉得穿着也重要""太宅不行"的回答此起彼落，甚至出现"人看起来要有气质"这种需要自行脑补的答案。正在阅读本书的你，不妨也问自己这个问题：在玩交友 App 或联谊时，你是依据什么决定当下对他（她）有好感还是没感觉？

初见面想以内在取胜？别傻了！

有几次我在讲座中提及形象的好处时，被成员质疑甚至反驳。有人直接摇头，有的犹豫要不要离场，也有的露出严肃的表情被我察觉，一问之下才缓缓说出："才华与内涵才是重点吧，穿什么有这么重要吗？"关于这个困惑，莱拉替我做出了很棒的回答："不论你再有内涵，第一次见面都是空谈，你能让对方看到的，就只有外表而已。"

关于穿着，其实存在着男女差异。先看看雪城大学的研究：让女生从一堆男生照片中挑出愿意结婚、交往或一夜情的对象，结果显示照片里的男生穿得越讲究或得体，在这些问题上的得分（意愿）就越高。

再来看看东康乃狄克州立大学心理学博士玛德莲的研究：她发给班上女同学及她们母亲一堆男生的图片，上半部是男生照片，下方则标注他的个性、特质或内涵（很类似常见的交友App）。结果发现，不管是女同学选男友或妈妈选女婿，最终都会参考个性或内涵。等等，那外形为什么重要？这研究不是会把玛那熊的脸打肿吗？

别急。这个结果有个关键之处：**个性或内涵重要，是指这个**

男生的外形通过了基本门槛才成立。 也就是说，外形不受这些女大学生（及她们妈妈）青睐的男人，一开始就直接被淘汰，写在上面的内涵无用武之地，讲得残忍一点就是：人家根本不在意！

雪城大学的另一个研究则发现，男生对于女生的穿着比较没那么重视。在实验中，即使脸蛋漂亮的妹子穿得再离谱或夸张，受测试的男人会表示："我觉得可以。"但脸蛋普通或长相不合喜好的妹子，即使再怎么精心打扮，这些男人大部分仍表示不是他的菜。

若要问一个男人跟女人在约会前，花在打扮上的时间谁多谁少，超过百分之七八十的人会认为答案很明显：多数女生可能会整理头发、化好妆，还要挑选衣服、鞋子，以及思考该搭配什么饰品，甚至连唇膏颜色都得精挑细选。但男生呢？能用洗面奶洗脸的已经不错了，愿意保养的更是少数——衣服通常随便抓一件，也不管是否平整直接穿了再说，最后随便穿上一双鞋子，出门赴约。

发现问题了吗？男女的穿着对另一方的影响程度，与他们重视自己穿着的程度对不上！男生要建立良好的第一印象，需要通过得体的穿着，偏偏许多男生在这部分马虎带过。所以，若你自己或有男性朋友迟迟无法脱单，赶快开始改变吧。

不论约会或社交都重要的穿搭建议

在讨论"该怎么打扮"时，我其实并不喜欢将"社交"与"约会"情境分开。许多人的观念是，跟朋友出门或独自出门时就会随便穿，约会或联谊场合才稍微打扮。《跟任何人都可以聊得来》的作者莱拉认为，我们应该随时做好准备，即使不是约会日，也要在出门前考虑是否可能遇上"潜在对象"。就算是朋友派对、听场演讲、参加活动，只要有可能认识新朋友，穿着上务必要用点心思。或者反过来想，合宜穿着能为你制造认识新对象的机会，原因就是上述的"光环效应"。那么，该如何善用外在形象呢？

建议一：依照场所、对象与目的

所有衣着都要优先考虑"我要去哪里""要见谁""要做什么"。我曾在一次户外联谊中看到成员穿着皮鞋来参加，虽然那双棕色雕花牛津鞋着实很美，但我实在为他捏把冷汗。果不其然，才刚从淡水老街走到红毛城，这位绅士的脚就受不了了，导致影响了整场联谊。

另一个例子是 Larry 的亲身经历。我们的共同好友帮他介绍了一位年龄相仿的女孩，两人在网络聊天时发现都爱吃牛肉，于是约在信义微风楼上的牛排餐厅见面。

"其实当天我有点傻眼。"Larry 回忆起两人首次约会。

"发生什么事了吗？你不是看过她的 Line 头像吗，难道是照'骗'？"现在手机修图 App 这么多，若真发生这种事，也不是太意外。

"脸是没差太多，但……这么说好了，玛那熊，你觉得到这种餐厅应该穿怎样的衣服？"看来 Larry 是想试探我的穿搭习惯。

我分析，考虑到餐厅的水平与目的，男生至少得穿长袖衬衫、休闲裤，将衣服扎进去，并且穿皮靴或皮鞋。女生则以洋装或多层次为基底，再选一两样配件搭配淡妆。

"是啦，所以我约会前还特地去买了衬衫，你也知道我平常比较走运动风。"

"那听起来是对方的穿着出问题了？"我问。

原来，Larry 的女伴当天穿了件 T-Shirt，加上破洞牛仔裤与运动鞋就来赴约了，头发也没做什么整理，显得很毛躁。这让 Larry 觉得对方不太尊重这场约会，也不重视打理自己，在一堆脑补后，Larry 原本打算将这次见面当成唯一也是最后一次约会，以后就不再联系了。后来因为介绍人的鼓励，他们才继续互动且有了第二次、第三次约会。但在日常生活中，我们很可能因为这一次的穿着不当就把机会断送了。

因此，请先了解你要去的地方、目的，再决定穿着的正式程度。利用下表，将情境依照数字加起来，总数越高代表穿着需越正式。

一般社交习惯，夜晚穿着需要更正式，白天则可以较为轻松。至于地点，若在需要大量走动，或运用肢体动作的地方，穿休闲些比较方便；反之，若在室内则可正式些。考虑你与见面者关系，普通朋友或陌生人不需太正式（注意，这不代表可以随便穿）；若是约会对象，请将衣着正式度提高一级，但尚不需达到面对长辈时那种程度。最后，目的若是一般聚会可以自在些；约会或联谊请正式点；公务出差、面见客户那不用说，绝对是层级最高。

问题来了，怎样的穿着叫作"正式"？

穿着与情境参考

	上午	中午／下午	晚上
时间	−1	+0	+1
地点	户外、动态	综合（户外加室内）	室内、静态
	−1	+0	+1
关系	一般朋友、陌生人	约会对象	长辈、上司
	+0	+1	+2
目的	一般聚会	约会联谊	公务
	+0	+1	+2

一般来说，它指的是比较精致、用心装扮，加上一些可以彰显自己魅力的饰品。

男生正式装扮建议：长袖衬衫、绅士装（西装）、西装背心、西装裤、皮鞋、配件（领带、领结、皮带）。且以深色、对比色为主（如白衬衫＋黑西装，就是最正式的穿着）。

女生正式装扮建议：小礼服、洋装、裙子、衬衫套装、配件、化妆。

男生和女生休闲装扮建议：T恤、POLO衫、针织衫、牛仔裤、休闲裤、短裤、运动鞋、休闲鞋。

要留意的是，正式与休闲并非二选一，而是程度差异。

若情境是晚上、室内与长辈谈公务，即使穿西装、套装也不会失礼；但如果是与约会对象共进午餐，衬衫＋休闲裤＋西装外套＋皮靴就很合适了，打领带反而让人觉得太严肃（女生可以洋装＋饰品，或针织衫＋裙子＋饰品）。不妨试试近年来流行的 Smart Casual 商务便服，介于正式与休闲中间，如浅色衬衫＋非黑色西装＋非西装长裤。白天的户外行程如踏青、逛街之类，POLO衫或衬衫＋牛仔裤＋休闲鞋就足够了。

女生的穿着变化较多，要看整体的体型与个人风格。但对男生来说，不论正式程度如何，合身是最重要的原则。宽大的衣裤让你显得没精神又邋遢（甚至被贴上"宅"的标签），太紧则不舒适或凸显身材弱点。不是很确定的时候，建议多询问擅长穿搭的朋友，或找机会学习经营外在形象的方法。

建议二：配饰与鞋子定生死

常见到有些与女伴约会的男生，虽然穿着不错的衬衫，却搭了平常运动用慢跑鞋，让上半身的精挑细选功亏一篑。也曾在山区健走时，看到旁边女生穿有跟的鞋子，不但容易受伤，也让大伙儿满脸问号。

鞋子会影响整体形象，请选择符合社交场所的款式。机能型运动鞋很好穿，就用于运动、打球或爬山等活动吧；其他户外场合（逛街、景点）请以休闲鞋为主。有一个很简单的判断方式：除非运动，否则不要穿有网状材质的鞋（慢跑鞋常见这种布料）。室内社交或约会，建议以皮革类的鞋子为主，除非公务需要，否则不需穿黑色皮鞋。

配饰则具有画龙点睛，避免过于单调，又能展现个人特色与品位的功效。女生可选择的很多，从上而下有发饰、耳环、项链、手环、手表、戒指等，建议挑选二至三样即可，以免让人眼花缭乱（越正式或静态的场合可穿戴越多，若活动量大时则减少）。化妆通常有良好的修饰效果，不妨学些适合自己的基本技巧，加上整理发型，能帮女生在互动或约会中加分。

男生配饰不多,领带、领结在较正式的场合会用到,若你脱离学生时代已久,不建议戴太招摇的项链。考虑到实用性与制造好感效果,最适合男生的配件有三样:第一是皮带,尤其当你将衬衫扎进裤子里,想营造成熟感时,就会需要它。除非公务需要,否则尽量不要选黑色(尤其前方有一个金属方块那种),你可以挑咖啡、深棕、灰、深蓝、酒红色等。

第二是袜子,这是多数男人容易忽略的地方。穿长裤时,避免小腿皮肤露出来,能给人绅士优雅的印象。若你对穿搭已有心得,不妨尝试非素色的长袜,增加视觉变化与活泼。若穿九分裤、七分裤或短裤(后两者不适合室内社交),则可搭配隐形袜,露出你的脚踝。

最后但最**重要的绝对是手表**。我的工作性质,不论是咨询或演讲,都需要快速(且用动作不大的方式)知道并掌握时间,所以手表是必备。你可能会有疑问:"手机这么方便,干吗还要用手表看时间?"

手表除了具有实用性,更是独特的配饰,用来展露你的个性、品位,且能有效制造别人对你的好印象。除非你戴了惊世骇俗的老款(如电子卡通表,打开还会发出声音那种),否则我没听过有谁对戴表的人持有负面印象。有一派人认为,手表可用来显示地位,但我个人持保留态度。你未必需要跟风或砸钱买很名贵的表，一来手表的效果需搭配整体穿搭，与其重压在此不如平均分配。二来过于刻意炫耀，很可能产生反效果（除非你一开始就想吸引看重你财力的人）。

建议三：衣着不是全部

谈了这么多穿搭，为什么衣着不代表一切呢？因为，你还需要留意几个细节。首先是号称人们第二张脸的发型，如果你头发清洁没做好，油亮亮一片或头皮屑随风飘，会立刻让人脑补你是个邋遢、不重卫生的人；相反的，若你好好修整、留意清洁，能让对方在每次见面都觉得你很顺眼。然而，有些朋友下定决心找间发廊改头换面，但后续没有吹整或使用造型产品的习惯，就浪费了设计师的一番苦心。所以，务必请对方教你如何整理或"抓"头发，才能延续好的效果。

从头发往下，就是你的脸了。所谓颜值，也就是五官的位置、比例与形状，与基因息息相关，因此有人认为天生基因决定胜负，后天经营外形根本没效果。其实，轻易放弃"治疗"是很可惜的！提升颜值，要先从肤况与气色开始，清洁是基本功，尤其在空气不佳、气候闷热地区，更须留意。而每天不过多花三分钟的保养，长期累积下来对颜值也会有帮助。饮食与运动则是从根本改善皮肤，对体态也有裨益。最后，你还有化妆甚至微整形这两个秘密武器，可依照个人状况对症下药。

此外，卫生习惯也同样重要。指甲部分，女生优势在于运用颜色甚至图案来增加变化；男生虽然不适合着色修饰，但该留意是否过长，有无藏污纳垢。此外，胡子、鼻毛修整了吗？出汗是否会有味道？这些都是外在形象的一部分。看到这里，你或许会觉得"哎呀，这么多细节也太烦琐了吧"！其实，外在形象本来就是由许多细枝末节组成，还记得前面提的"由下而上"（bottom-up），由感觉变成好感的过程吗？我们反而应该庆幸，能从这些实体线索着手，打造出良好的第一印象。

让打扮成为生活的一部分

不是只有约会需要装扮，一般社交也需要；我建议只要出门，就应该努力让自己看起来是最棒的。太多人有个迷思——金玉其外，必定败絮其内，但是，为什么我们不能是个内外兼具的人呢？当你有良好内涵，当然值得合宜的外在形象来衬托啊！事实上，内涵与外在可谓相辅相成，而非只能从中择一、此消彼长的冲突关系。

美感建立属于内涵的一部分——你为了穿得好看，学习如何运用色彩与比例。生活品位也属于内涵——你逐渐懂得挑选适合自己且有质感的衣服配饰。更别说是在调整外在形象过程中，增进聊天技能自然也是内涵——与店员或同好互动，累积更多故事可分享。别再相信"有内涵就不能重视外在"的说法了！内外兼具会让你更有吸引力，也会让人际或爱情更顺利。应该没有人会嫌自己太有魅力吧？

因此，试着将打理外形这件事融入日常，成为生活的一部分吧，它会为你带来许多好处：提升外形、培养美感、建立品位、扩展人际与聊天话题，甚至增加自信。我曾在某次聚会中跟朋友开玩笑："出门前看着衣柜的服饰配饰，思考该如何搭配是一种幸福的烦恼，也是种乐趣。"事后想想，这不是玩笑话，而是真心话。别被"外表不重要""有钱帅十倍"这类言语影响，网络上的人不会为你的人际与爱情负责，你才是拥有决定权的人！

状况 A　第一次见面内涵都是空谈，对方能看到的只有外表而已

状况 B　没有看场合的穿着打扮，只会让你看起来像跑错了地方

5-2 准备你的人际履历

不管到新单位、公司，或是朋友邀约聚会，甚至通过别人介绍而约会，到社交现场后，该如何与新朋友开始互动呢？在彼此不认识的"第一次接触"阶段，我们需要通过自我介绍来暖场。因此，你得准备好一份人际履历，让对方开始认识你。

这份履历与一般应聘工作用的大不相同。还记得第二堂开头提到的那位曾找我咨询过的 Andy 吗？

"你好，我是 Andy，目前在 ××× 半导体担任研发工程师，但不太需要轮班，时间算是固定，工作已经五年了。之前则从 ×× 大学的 ××× 研究所毕业。平常兴趣是弹吉他、摄影，主要通过看书自学。"

这种自我介绍容易让聊天变成面试，你可能会越来越紧张，对方也会觉得枯燥。**人际履历的内容要以数据为辅，故事为主。**

我们已经谈了太多故事能带给你的好处：提升记忆效果、自然展现特质、营造轻松气氛、便于延伸话题。事实上，即使刚接触，双方也并非一定遵循"我介绍完自己，换你介绍身家背景，然后我们开始聊天"这种模式，自我介绍本身就是聊天的一部分，不需要这么刻意区分。也就是说，自我介绍并非一股脑儿向对方提供大量个人信息，那样实在太生硬了。

"姓名称呼""工作和学校""居住地""休闲兴趣"是社交场合或约会联谊中最常被问到，也是自我介绍必聊的四大主题。然而，大多数人易犯的错是回答太简短，回答过于直截了当。例如：

对方："你是做什么的？"

我方："哦，我是心理咨询师。"

这让别人很难接话，你也只能反问对方"那你是做什么的"，让聊天变成一问一答。该如何改善呢？

丰富信息内容，加入幽默元素

当你回复的句子太短，有没有再多说两句呢？提供更详细的内容，不但能让对方更进一步认识你，也能帮助他从中找到话题继续聊下去。例如：

对方："玛那熊，你是做什么的？"

我方："哦，我是心理咨询师，当情侣吵架时会来找我，我负责帮他们重修旧好。"我有时也会刻意讲得轻松些："哦，我是心理咨询师啊，但千万别再问我，知不知道现在你在想什么。"

不过，第二种回应方式就得看场合，且要先观察对方的言行来评估是否合适。如果是较正式的商务场合，或发现对方说话严肃正经，这种回应容易给人"油油的"观感。反之，若前面已有不错的互动（得到友好回应），对方的非语言信息也展现出活泼、外向的特质，自然可以试着加进幽默元素。

我曾在社交场合接触到一位浑身散发着欢乐气息的女生，对方的绰号实在很有趣，她描述时也笑得很开心。所以，当她询问我的职业时，我便选择用打闹的态度回应：

"我其中一个工作是恋爱教练，就是让男生学会怎么吸引像你这种气质的女生。"我在"这种气质"四个字特别加重语气、放慢速度，运用非语言来强调。

开朗女孩："是吗？那你说说，我这种气质是哪种气质啊？"

"哈，当然是……温柔婉约又活泼开朗啊！"

"哈哈，你太会夸奖人了。"她笑得更夸张了。

我刻意同时描述了符合对方形象，以及与之相反的特质，看似开玩笑但又带有称赞，收到了不错的效果。

因此，**要让对方对你有印象，最简单的就是增加回答或自**

<u>我介绍的长度，如果情境或气氛不错，还可用轻松幽默的方式呈现</u>。但这绝不是要你写作文，要连续讲个五分钟，而是稍微加些解释说明，或者补充一下即可。当对方问你"现在住哪里"时，避免只回答："哦，我住新北市"，而是用**"我住在有棒球场跟×××大学的那一区，你应该知道在哪吧"**这种比较丰富的内容来替代。同理，当聊到"放假通常做什么"时，也应该从简短的"我喜欢看电影"进行延伸，多加上"尤其是科幻或动作类的，如《银翼杀手 2049》"。

包装信息，用自信点缀

你呈现出来的人际履历，需要有自信。绝大多数人不论男女，都比较喜欢跟"有自信的人"互动，或容易被他们吸引。在《跟任何人都可以聊得来》一书中，作者莱拉曾说："你可以是个'鲁蛇（即 loser，失败者）'，但也要是个有自信的'鲁蛇'！"

市面上增强自信的书籍、文章或课程相当多，甚至到了眼花缭乱的程度。综合来看，提升自信有两大派别：一种我称之为"唯物派"，强调透过经历、物质、能力、成就等具体可计量的元素来增加信心。例如，你目前拥有哪些能力，可以胜任某些工作与任务；你已经克服的挑战、得到的称赞；外在形象是否具魅力，物质与经济状态是否充足有余裕；再具体一些，就会用头衔、职场履历、年收入、资产、出国次数等可计量的东西来加强自信。

另一种截然不同的取向,我称之为"唯心派",认为看见、接纳并喜欢目前的自己,信心就会逐渐产生。运用自我探索来找出个人现有价值,并通过大量激励文字传达"你已经很棒了""要相信自己""不需一直在意别人眼光""你才是自己的主人""自己的命运由自己掌握""心想就会事成"等,少数还会利用从众效应或激发情绪方式,打破旧有框架并灌输新观念。

两种派别各有支持者,到底该"大破大立"还是"相信自己"?自信的建立需要倚靠"具体条件"抑或是"观念转变"?我认为,两者兼具是最有效的方法。先挖掘个人长处,了解自己已有的强项来提升信心,同时也设定目标,让自己拥有更多优势,通过成长而增加自信。所谓优势,不应只设限在"内涵"或"能力",还包括"外在、身体""物质""独特经历"等,重点是需要有具体描述,才更具说服力。

要提醒大家的是,当你开始改变、成长时,不要一下就设定太远太大的目标,刚出新手村就去打魔王,当然很容易遭遇失败挫折。自信还没培养起来就先狠狠地摔一跤,重复几次后可能就打退堂鼓了!记得先从小型、简单的目标开始尝试,较易累积成功经验。自信及能力的提升无法速成,而要靠养成。我们可运用心理咨询中"焦点治疗学派"的重要观点,先让正面经验像滚雪球般带来更多更大的效果,增加你的信心。

自信逐渐增加的过程中,别忘了通过**包装自我介绍**来展现。包装并不是说谎、唬烂,也不是将十分的东西讲成一百分,而是通过文字修饰,在不违反真实状态的原则下"换句话说",把七十分的物品描述为九十分。例如,你的工作是"厨师",可以修饰成:"**我的工作啊,就是让人通过吃东西来放松身心、感到幸福。**"或是"**我的工作,是让得来不易的食材发挥最大价值**"。注意到了吗?我刻意不直接提"厨师"这个词,是为了卖关子,让对方猜猜看我的职业。

来做个练习,如果你的工作是餐厅服务生,要怎么描述呢?

我会这么开头:"**你去过餐厅吃饭吗?**"等对方回复后,再接着说:"**厨师完成一道料理后,需要靠我搭起桥梁,让客人品尝到他的用心。**"这里可稍微停顿,或直接邀请对方猜测。以此例来说要猜到并不难,再接着回应:"**答对啦,我目前在某某餐厅,你听说过这家餐厅吗?**"然后依照对方的回应来延伸话题(聊用餐经验、美食喜好或分享工作趣事)。

如果你的工作比较特殊让对方猜不到,或搞不太懂工作内容怎么办?很简单,就继续跟他玩游戏吧!给点提示,邀请他再试一次,真的想不到就公布答案,也可以提供"奖品"鼓励对方与你互动。奖品内容,像是"**随你问我个问题,我一定诚实回答**",

如果你们聊得气氛很好，也可以用较玩笑的方式回应："好，奖品就是让你有机会认识我！"或是"奖品等下次见面时给你！"制造另一个互动或约会的合理借口。

信息只是辅助，故事才是主角

有一次，我接了协助婚友社会员提升互动能力的案子，在咨询时认识了 Toby。他是位工程师，如同许多婚友社会员一样，本身职业、收入、个性等条件并不差，但因为缺乏聊天技巧而单身。对话练习中，Toby 不断介绍个人背景资料，就连提到出差经验也犯了一般人常见的毛病："我常到东京驻点，也会趁机去附近玩，所以对那边挺熟的。如果你要去日本玩，我可以分享实用的信息哦！"

我告诉 Toby，其实他有一大优势：在日本旅游及居住的经验。然而，若他总是通过提供信息来换取好感，一来陷入了讨好、追求的陷阱（第一堂强调过，绝对要避免）；二来难以延伸话题，等于浪费了上好素材。"Toby，与其给旅游信息，你不如直接讲个在日本的故事吧！"我给了这样的建议。

于是，Toby 开始说他趁假期买了套票玩了一圈，并列举他走访的都市与乘车路线。

"……以上就是我这次的日本之旅。"Toby 说着。

"Toby，这些也都还是信息呢！"我回复。

"咦？哈哈，好像是耶！"Toby 笑了出来，"没办法，平常工作都是一次把信息讲完，不然客户或主管会不耐烦。"

"没关系，Toby，你在这段旅程中，最喜欢的景点是什么？"我问。

"我想想……应该是合掌村吧！那天我……"Toby 分享了他在冰天雪地走了半小时后，终于吃到美味料理的过程，不只描述餐点多美味，还有身心都温暖起来的感动。

听完后，我忍不住大喊："很棒！这就是你的决胜武器啊！"

想让自我介绍的内容升级，除了要增加信息"量"外，加入故事提升"质"更为重要。回答问题或介绍自己时，若太偏重于传递信息，也就只是提供了个人数据（喜欢看科幻类电影、工作是心理咨询师、住在新北市）而已，虽然能让对方快速了解背景，但也容易把聊天搞得像面试或应征工作，过于严肃生硬。故事的好处与重要性，在第二堂已经提及很多，它可以让自我介绍变得轻松有趣，且在不知不觉间 DHV（展现个人高价值），甚至制造聊天话题。

例如，对方问："你是做什么的？"我会回应：**"我是心理咨询师，常去不同地方演讲，而且我也蛮喜欢这样到处走走。像**

去年夏天我去了趟花莲，演讲后多待了两天，骑车到处玩。那边的空气很棒，海也超美，还发现了一家隐藏的景观餐厅哩！"

　　用故事介绍自己，可在无形之中展现个人特质或优点。以这个例子来说，会产生"他工作满特别的""懂得休闲""喜欢大自然""对美食似乎有研究"等正面印象。另外，用故事来介绍自己，也比较容易引发共鸣、延伸话题，如分享完可以问对方："你也去过花莲吗？"或"你工作也需要出差吗？"若对方回应是"YES"，那就继续聊下去吧！别忘了第三堂所学到的，穿插运用分享与发问的技巧。即使对方没去过、不出差，你亦能多分享自己的故事，或另外询问："那最近去哪玩了？""那你的工作是？"

　　看到这里，你应该已经知道准备"人际履历"的重要性了——介绍时增加内容，避免只有一句话甚至一个词，且结合数据与故事，自然展现优势。还可以设计好"讲完后要问对方"的问题，让话题延伸下去。此外，静下心来思考自己有哪些强项，或请熟识的朋友给你回馈，将个人优势写下来，描述具体实例。同时，也要规划想要增加怎样的正面条件，从小目标开始累积成功经验，一步步达成并提升自信。最后，别忘了外在形象的重要：还没开口，当天的穿着就已经开始替你自我介绍了！

5-3 开展关系的杀手：焦虑

当你做足准备，外在形象已经有所调整，且准备了充足的自我介绍，决定走出房门接触人群，这时却可能遇到另一个困境。

Alan 在单位迎新会上看到一位美女，但碰了一鼻子灰。"我准备上前搭话时，却觉得喉咙变紧变干，脑袋空白糊成一团，最后只能坐在角落一整晚……后来才知道，隔壁同事当晚跟对方聊得不错，上周已经开始约会了。"Alan 的语气充满无奈与遗憾，但更多的是不甘心。

发生了什么事？这种状况可能会出现在多数社交场合：参加活动时想认识某个对象，如社团里的学妹或学长、上课时坐在旁边的旁听生、邻近单位新来的同事等。即使你鼓起勇气上前与对方搭话，但脸颊很快开始发烫，眼神不由自主地飘动，脑袋被"我这样说 OK 吗""这样会被扣分吗""接下来呢"塞满。你说话开始不流畅，或是全程沦为"哦""嗯嗯"的回应，草草结束对话，不知要再说什么。

事后你懊悔、尴尬并责怪自己："明明那些技巧方法都了解，怎么实际上场会变成这样？"重复多次后甚至放弃不想再尝试，还找借口合理化"没关系，就随缘吧"。这是心理学上的"习得无助感"（Learned Helplessness），不再相信自己可能会成功。如果你因为过去多次的人际互动不顺遂，挫折到已经开始怀疑人生，千万别因此就放弃治疗，这节会将你从这种循环中解放出来。

焦虑是互动中的小恶魔

到底怎么了？为何临场不断出状况？都是焦虑在搞鬼。它打乱你的计划，干扰你原本的互动能力，让机会从你手中溜走。更精确地说，它叫作情境焦虑（社交焦虑），在某个特定情境（时间、场景、人物对象）所引发短期、起伏大的紧张心情，如搭讪、与好感对象约会、和不熟悉的新朋友聊天等。依照柯式心理辞典定义，焦虑的本质是"因担心现在或未来可能会发生不幸、危险，而产生紧张与不安的情绪感受，等同于担忧、害怕"。就像我们与对方搭话时，对未来的负面想象不断萦绕心头，进而渲染出更多紧张情绪。

多数情况下,焦虑的核心在于害怕得到负面评价。

"对方会不会觉得我很怪?"

"对方是否认为我很无聊?"

"还是会觉得我长得很丑?"

"该不会他根本想走人吧?"

这些疑问的背后,其实你早就有了预设答案:

"她一定觉得我很奇怪。"

"她大概认为我很无聊。"

"她一定觉得我外形不及格。"

"她绝对在找机会走开。"

当我们开始在意别人评价自己、害怕得到负面回应时,便会产生一系列的认知情绪及行为反应,这就是特定情境的社交焦虑。那么,这些焦虑到底从何而来呢?

焦虑来源一:社交技巧不足

最直接引起社交焦虑的原因是技巧不足,也就是自认缺乏足够能力来应对。想想看,若战场上敌方都手握重剑,你只领到一把小刀就被推上阵,一定会害怕得发抖,担心自己没走几步就被杀掉;或者,因为前一晚帮人送消夜、写报告,自己没有认真地复习功课就去考期末考，十之八九认定自己会挂科不及格，而开始焦虑；又如在没有准备的情况下，突然被要求在会议中向主管、同事报告，也容易引发焦虑。社交技巧不足包括两个层面：

知识层面

你不知道自己的穿着是否合宜，或找不到开场话题，不知如何分享故事吸引对方，不清楚怎么通过发问延续话题，该怎样展现出专心聆听，不懂运用非语言信息或赞美、幽默等此类，当对方站在你面前，但你缺乏人际沟通、互动的基础知识时，就会感到焦虑——因为不知不觉将自己当成没念书就进考场的学生。

已进入本书最后一堂课的你，知识层面的缺乏其实已经得到解决，你该做的除了再熟读一次、写笔记（用自己的方式记录，有助将内容更深刻存入记忆中）外，还可以持续吸收相关知识、与朋友讨论，甚至参加读书会、听讲座，都能让知识更牢固。不过在这里也要提醒你，知识需慎选。网络平台上充斥着许多似是而非，或性别歧视的文章，如过度用演化观点解释爱情、滥用性别刻板印象等。

选择讲师时，则要考虑他能不能给予你想要的。讲师的风格、专长各有不同，未必有绝对好坏，要看你的需求及目标。打个比方,若阿明想要的爱情关系是长期、稳定型,找强项是夜店搭讪的讲师似乎不太对劲;但若隔壁阿华想要快速爱情,那这类讲师自然是优先选项。所以,要多参考对方的专长、经历,或是找机会"试听",从文章或影片内容来评估。对阿明来说,讲师号称百人斩、十二星座攻略王并没什么意义,应该思考对方是否擅长维系一段亲密关系;但对阿华来说,讲师这些背景代表能快速得到短期关系,就很有参考价值了。

实践层面

关于聊天技能的养成,听过"三分天注定,七分靠打拼"这句歌词吗?学习让你知道怎么做,但持续练习才能进一步升级为做得到。我遇过一些学员非常认真地吸收知识,书柜摆满聊天术等相关书籍,也会上网看文章、影片,甚至愿意参加各种教学讲座、课程,这点非常值得肯定。然而,其中也有人因为缺少实战经验,不熟悉临场该如何操作,对自己能否发挥聊天技巧而忧心。也就是说,纸上谈兵与真实互动间的差距,会让你焦虑。

实际练习的重要性不需我再提醒,关键在于循序渐进,切勿越级打怪。可先从周遭较为熟识的朋友开始,将所学技巧、观念套用在聊天中。日常生活也是练习的好场景,如每次购物时,可练习眼神、手势等非语言表达,一来对方是店员,通常会保持礼貌与微笑，降低你的焦虑；二来，买东西是个自然产生互动的情境，跟对方说话并不会显得怪异。当你能越来越自在地看着对方，肢体也较为放松后，便可练习在买东西时多聊一两句：**"你们这边生意好像不错哩？""除了这个，还有其他推荐的吗？"**

不只练习对象要循序渐进，练习技巧、表达内容也都要从简单的小目标开始。绝对别小看这些细微的成功经验，前述的"焦点解决短期治疗"（Solution-Focused Brief Therapy, SFBT）就强调小改变能发挥"滚雪球效应"，带来更大的改变。这些成功经验将一点一滴增加你的信心与熟练度，让你的互动技能不断提升！

焦虑来源二：想要好表现

人们习惯在别人面前塑造出特定形象，尤其是面对想靠近的人，自然想有好表现，但又担心表现不如预期。在一些理论中，"DHV"意指互动时展现个人高价值，进而吸引对方。例如，运用肢体或声音展露自信、不刻意讨好、保有个人原则、在言谈中提及个人优势等。这是一个很棒的概念，但我遇过不少咨询者，他们的焦虑恰好来自"我要做好DHV"的信念，越看重反而越容易掉进社交焦虑陷阱。

有些人会纳闷，明明吸收许多技巧知识了，怎么还是焦虑？其实，正是因为你吸收多了才更焦虑。你可能会被一些规则绑住，要求自己刻意做到某个"特定模样"，反而陷入泥沼、带来焦虑。这些咨询者与人互动时，满脑子想着要表现高价值，如让对方觉得有趣、想法很棒、观点独特，男生想表现出 Hold 住全场的领导力，女生则倾向展现温和好心肠。于是，一边想着"我该怎么做"，一边担心"这样有 DHV 吗，还是不小心 DLV（Displaying Low Value，在互动中展现个人低价值）"。

为什么要这么急呢？

虽然展现自己的高价值可达到吸引效果，但当你太坚持展现高价值时反而容易弄巧成拙。例如，你想要有趣，所以试着搞笑，或突兀地硬插进一个魔术表演；你觉得要有独特观点，而不断发表己见、捍卫个人观点，可能忽略对方或留下"好辩"的印象；你想营造领导气氛，于是展现气魄、让自己成为焦点，结果却过于强势；你想展现品位，言谈间一直透露常买奢侈品，但听者只觉得你在炫耀。

展现自己的高价值是循序渐进的。一开始就抛出过多高价值信息，容易让人"太饱"，别忘了"出丑效应"：太过完美的人反而让人想保持距离。其实，即使没有刻意去展现自己的高价值，光是与对方自在地互动，便足以产生"能掌握情绪""聊得来"

"亲切感""和善性"等正面印象了。甚至可以这么说：**自然地跟对方聊天，包括好好地分享故事、发问、聆听，就已经是在展现自己的高价值了！**（这句很重要，请自行脑补三次。）

别追求太快或追求完美，焦虑自然有效减轻。放轻松享受与人交流吧！

5-4 人际关系中的角色互动

我们的人际习惯，受过去原生家庭、成长过程、互动经验影响而呈现不同面貌。有些特质对聊天有帮助，如和善性、幽默感、乐观、自信、冒险精神（不怕被拒绝而愿意与人接触）。然而，也会有些经验或创伤，让我们在人际互动中发展出某些模式，不知不觉破坏关系。虽然这些行为背后的动力，多是为保护自己、避免受伤、巩固自尊，却容易影响我们与人建立良好关系。遇到这些类型的朋友、同事或约会对象时，往往也会让我们感到不自在，一时半刻不知如何应对。在这一节，一方面我会介绍几种人际中较常出现的"角色"，提供与其互动的基本策略，让你们的关系较为顺畅。另一方面，也可检视自己是否具有这些特质，而有所觉察、调整。

骑士：只为守护，不求回报

人际关系中常见的角色之一，就是喜欢付出的骑士。他们对朋友很好，常注意到别人状态如何、需要帮什么忙，且忍不住主动提供协助。当别人表达需求时，骑士们即使自己再忙再累，仍会尽最大努力，甚至把自己的事情往后放，只为了满足对方。在爱情上，骑士更是不遗余力地付出时间、心力或金钱，成为俗称的"老好人"，无止境燃烧自己来照亮心仪的对象。

这对关系的影响是什么呢？虽然这样很容易取得信任与好印象，但也阻碍了自己的成长及发展，因为你将所有资源都投注给其他的人了。爱情上，骑士常想象自己的牺牲奉献能在某天感动对方："啊，原来你一直默默在我背后守护着。"然后愿意交往。但如同第一堂谈到"追求"有众多坏处，骑士的所作所为实在没有太大效果，反而会被当成滥好人，最后眼睁睁看着心仪对象牵着另一人的手。有些骑士用自以为是的方式付出，忽略了对方的感受，无形中也传递了许多压力。当对方委婉拒绝时，骑士们会说："是我自己愿意做这些，你不需回报我。""看到你快乐，我就满足了。"这时通常还要搭配一个苦笑，搞得像偶像剧主角般痴情，实际上在对方眼中他们搞不好像痴汉。

更何况骑士并非真的不求回报。骑士索取的,是对方看见并感谢他们的付出,因为这是他们留住关系的方式。在成长过程中,或许是家庭或同学经验,又或者被偶像剧、漫画影响,他们学到"付出才能让对方喜欢我"的观点,并在人际互动中勤力实行。然而这些牺牲奉献,一来辛苦自己,二来容易制造压力:越想留住对方,反而将其推得更远。如果你发现自己有这种习惯,建议放慢互动步调,别总以"帮忙"之名行"讨好"之实。亦可通过心理咨询处理担心失去关系、缺乏安全感的个人议题。

因应策略:当我们遇到喜欢帮助别人,却不会做过头的"见习骑士"时,关系通常稳定自在,甚至认为对方是很不赖的朋友;但如果遇到那种为了抚平内在缺乏的安全感,而一股脑儿为你付出、紧迫盯人的"骑士队长",通常就会感到强烈的压力:接受好意会感觉欠对方的人情,拒绝对方又担心太残忍。因为骑士通常有一颗玻璃心,嘴上说"没关系",却露出很受伤的表情,好像拒绝他就是坏人。然而,若我们界限不明,会让骑士误以为"他好像很喜欢我这么做"而持续一头热。所以,当热血骑士的行为已经让你感到不自在时,得清楚地让他知道。这不是要你板起脸、凶神恶煞般地回应,而是秉持"温和但坚定"的态度,用以下三个步骤来设定界限:

1. **接球**:说出对方想帮忙或已经做的事实,让骑士知道我们"看见"了他的努力。

2. 抛回：清楚地说出不需要对方协助的理由，可以是想法，也可以是情绪。例如，想要自己解决、觉得有压力等。

3. 收尾：对骑士的善意表达感谢，让对方知道，不需要协助不代表关系会生变。

如果你遇到精英骑士，坚持要你收下他的好意怎么办？请持续重复以上三个步骤，并通过非语言辅助（声音放低、放慢），让对方感受到你是在认真表达拒绝。当然，如果你可以接受对方的部分帮忙，未必需要全盘拒绝，而是让界限保持弹性。

贤者：万事好辩，理性至上

我有位同学非常聪明，逻辑能力也强，但动不动就跟人"呛"起来。倒不是肢体冲突，而是常在讨论事情时坚持己见，非要争个对错才罢休。如果在学术殿堂进行研究，或新闻节目针砭时事，这种习惯能启迪更多人的智慧、撞击出不同观点；但如果在日常互动中也如此严谨理性，就容易使气氛僵硬，令人感到不自在，甚至不禁纳闷：" 聊个天需要这么认真吗？""不过是随口分享看法，有那么严重吗？"

贤者知识渊博、逻辑清晰，常思考隐藏在万事万物背后的原理原则，这让他们成为崇尚理性的人，且这份能力可用来解决生活、工作上的难题。然而，这也让贤者过度使用此模式，随时随地发动技能，即使在轻松场合，也不知不觉钻牛角尖，带着"寻求真理"放大镜来看待别人的闲聊内容。

"你们看，这是我上周放假去石梯坪拍的。"Joyce拿出她的手机，跟同事们分享。

"花莲的海好美！""天气很棒耶！"大家开始聊起来。

"没带相机去拍吗？"平日有研究摄影的Chuck突然问这句。

"没错，手机比较方便啊，反正我拍起来差不多啦！"Joyce自嘲着。

"不一样啊，光是像素就差很多了，而且拍景色我建议要搭广角镜，构图比较壮观。另外，天气好应该缩光圈，你看这张有点过曝，也不够锐利。"Chuck开始侃侃而谈他的摄影经验，让气氛一下尴尬起来。

"Joyce，去吃那家无菜单料理了吗？"一位同事看不对劲，赶紧扯开话题。

"去吃了，我觉得那家啊……"同事们又开始聊回旅游与放假的话题，Chuck则自讨没趣地回到了自己的位子。

在这段描述中，Chuck其实并非刻意要让气氛变严肃，只是想提供自己的专业知识。但当大家都聊着有趣话题时，这样切入就显得突兀、怪异，因为生活中的许多对话，不是要找出一个解决策略或完美结论，只是闲聊而已。

因应策略： 若遇到这种"认真狂魔"怎么办呢？如果你对主题有兴趣，可以参与讨论。建议你可以让对方先分享看法，接着对认同之处表达肯定或赞美，若有不同意之处，也可以谈个人观点。但绝对不要跟对方分输赢、一较高下，以免被贤者同化，开始举办天下第一辩论大会。提醒自己，只要轻松聊天就好，若对方坚持己见，就当成接触不同想法、新知。对贤者来说，不怕跟别人战，只怕没人跟他战！不随对方起舞，对方自然不会跟你辩下去。

商人：翻脸如翻书，利益摆中间

精准计算每个行为的利弊得失，仔细评估关系能带来什么好处，是商人的习惯之一。若他认为你在某方面能提供帮助，会很愿意花时间、精力来投资与你互动，让双方越来越熟。商人特色在于，可以凭着口才与微笑快速拉近距离，但他也能在认为"不需要"这段关系后，刻意疏远甚至迅雷不及掩耳地抛下你，俗称"过河拆桥"。

其实多数人也会筛选朋友与人脉，与不对盘、不适合的对象逐渐拉开距离，这本是人之常情，但商人之所以让身边的人不舒服，问题出在前后反差过于明显：他们习惯通过关系满足自己的某些需求，未必是金钱这种实质利益，也可能是身边有人陪伴、充当军师出主意、充当工作伙伴等。当你可以满足这些需求时，他会对你嘘寒问暖，满口"好姐妹""好兄弟""一起努力""好感谢你"，然而一旦认为你无法给予他要的东西，或找到其他可替代支持后，商人就会果断地"过河拆桥"，将"资金"快速转移到其他目标物上，留下傻眼的我们。

遇到商人，心情会像春风般温暖。刚开始因为对方的付出（对他们来说叫"拉拢"）感到开心，却可能因临时被丢下而感到不解、生气或难过。关系的失落，原本就不好受，尤其是前后落差这么大的商人型朋友。

因应策略： 面对商人，最困难的是，我们有时还真不好判断对方是真心接近，还是别有企图。你可以找个安静的地方，让自己仿佛旁观者般跳脱关系，看看彼此的互动情况，并从三个方面评估：第一，你们是否总在"交换"，即使他对你付出，也常通过暗示或明示，希望你满足他的期望；第二，若你因故无法满足对方时，他是否会开始拉开距离？第三，你们的关系本身除了涉及利益外，是否有额外互动？简单来说，就是对方除了找你帮忙，还有没有其他私交？

若你觉得眼前朋友的商人性格太重，没必要急着一刀两断，但要调整心态让公私分明。对方仍可以是某方面的合作伙伴，但你要提醒自己这段关系是立足于各取所需，比一般人际多了层特殊性，得做好随时可能断裂的准备。如果你能提供对方所需，且从中获取自己想要的东西，这种商人朋友并非不能交。毕竟，这代表目前的你具有让对方愿意靠近的实力，但若你实在不喜欢被利用，或不愿承受过河拆桥的风险，自然可以主动远离。

间谍：笑得你心底发寒的双面人

前述的商人以利益为先，虽然也可能背叛你，但通常对事不对人，会避免不欢而散。而有一种人，以操弄关系为乐，用一张嘴挑拨离间，搞得大伙相互猜忌、闹得不愉快，元凶却因此渔翁得利。

"Frank 真的很厉害耶，这次活动办得很成功！"单位的老鸟 Amy 笑盈盈地对才进公司三个月的后辈说。

"Amy 姐你客气了，都靠大家帮忙啦！"Frank 礼貌回复：心想有这样的前辈真不错。

等他前脚一走，Amy 立刻换了张脸，转身向旁边同期的 Bella 抱怨："这新来的也太爱出风头了吧？自愿担任活动 leader 咧，硬要搞什么创新！"不等 Bella 回复，继续说，"哼，我要去跟主任报告，他下班后还在外面兼职呢！"

"真的吗？"Bella心想这又没什么，但担心自己也被捅一刀，所以随口附和。

"听说的，但应该是吧！我先上楼。"Amy径自走出办公室，准备"教训"一下年轻菜鸟。

双面人间谍，为何专门探人隐私，伺机在背后攻击呢？心理学大师阿德勒曾提出"自卑"与"卓越"理论，认为人所有行为都有其目的。我认为，间谍之所以暗中破坏，是他们习惯以此取得"权力"与"关系"。许多间谍因为自卑感、习惯推托，但又特别容易嫉妒别人能力（你不帮不行，但做了又惹一身腥）。他们表面客气亲切，但骨子里总是从"竞争"的角度来看待互动。当你表现优异，或甚至只是把分内事做好做满，都可能引发他们的竞争心。他们表面纹风不动，私下却会因眼红而"挤兑"你，或拿放大镜检视你的一举一动、见缝插针。原因无非是你刺激到他们嫉妒情绪之下"不如人"的自卑感，且别人有好表现会更凸显出其浑水摸鱼、坐领薪水，当然要排除潜在威胁！

因应策略：间谍在人际关系中可说是魔王等级，其他讨厌角色要么明着来，要么不会没事刻意攻击你，但间谍喜欢让周遭人的关系纷乱，因为越乱对他越有利：当大家相互猜疑时，间谍将成为被所有人信赖的控制者。面对这种高手，也别太焦虑，我们可用"三加一策略"来反制。

稳住情绪

生气、不爽、作呕是正常反应,但情绪化只会让局面更糟。因为他们擅长用亲切的笑脸让大家站在他那边,你的愤怒臭脸无法拉拢支持者,反而"印证"了间谍散布的谣言,让众人远离。请记得:"比你差的人,才会在背后捅你;比你优秀的人,根本没空理你。"既然知道对方充满自卑,其实也没那么气了,对吧。

拉拢同盟,建立信任

不是要你搞小团体,而是通过互动让旁人看到"你不是他们听到的那样子"。只要大家对间谍的背地批评有所怀疑,就是扭转局势的开始。在职场中,还可以通过完成任务来影响同事、主管对你的印象,以实绩展现实力,用真凭实据来对抗暗中批评。

示弱藏锋和大放光彩

你的能力与成就,无须因为间谍而舍弃;你想进步及成长,也不必因他而停滞。试着稍微"装傻",吹捧对方几句让他误判情势,以为你归顺麾下。实际上,你还是鸭子划水持续前进,不受影响。若你已打算向对方开战,就将"示弱藏锋"改成"大放光彩"。既然他眼红,干脆就让他更嫉妒吧!很多间谍本身能力并不强（因为时间精力都花在找别人麻烦上），你的光芒会让他更加刺眼。当你拥有比他更多的舞台与机会，如果决定硬碰硬，那就向前冲吧。

公主和王子：你要的不是我，而是一种虚荣

有种人不管你想不想听，在办公室或聚会上总是无止境地聊着自己："我怎样""我觉得""我发生什么事"，而且在生活与工作上异常迟钝，当遭遇困难就开始找人帮忙：

"我好想吃那家蛋糕哦，可是好难排到队……你最近会去买吗？帮我买一份。"

"word 要怎么取消换行箭头符号啊？你帮我调一下。"

"哇，google 窗体这么方便哦，怎么用啊？要不你教我？啊算了，你直接帮我做一个吧。"

"我不知道怎么做耶……"（然后看着你）

你莫名其妙接下他们原本该做的事情，无奈地帮对方完成任务，得到一句"谢谢""哇，好棒啊"然后就没有下文了。这群公主和王子喜欢谈自己的事情，开心时要你称赞附和，伤心时则来"讨拍取暖"。他们通常自我感觉良好，觉得别人帮忙是应该，只会在旁边乘凉高喊"大家辛苦了"。如果事情不慎出错，他们

绝对推得一干二净，认为都是别人的错，种种行径常让身边的人咋舌傻眼。

阿德勒认为"过度溺爱"会让人们发展出"世界以我为中心"的想法，期待所有人围绕着他提供关心、照顾、帮忙。当需求总是被满足，"我"会不断放大，认为别人为他付出是再自然不过的事。然而这种自大表象的背后是空洞与心虚，因为任何事情都有人帮你完成，等于剥夺了"靠自己成功"的机会，进而让他们怀疑"我真的有能力吗""我做得够好吗"。

因此，公主或王子反而更致力于搜集众人的掌声与吹捧，以躲避内心深处的自卑。

因应策略：他们有一种魔力，能让身边的人自愿付出。除了喜欢被关注，有些公主或王子会刻意培养一群骑士团、亲卫队，享受众星拱月、高高在上的感觉。他们会偶尔给点好处，或若有似无地挑起旁人的竞争心态，好让大家以他们为中心、进而崇拜。陈势安的经典歌曲《天后》就是描述了这种角色：

你要的不是我，而是一种虚荣。有人疼才显得多么出众。

我陷入盲目狂恋的宽容，成全了你万众宠爱的天后。

看清局势是面对公主或王子的第一步，他们会让你以为不断付出才能得到关爱与认可。当你用理性审视关系，会发现这种互动不但辛苦，且会让你越来越缺乏自信。有三个方向可以脱离公主或王子的控制：

1. 设定界限

帮助与回应是有限度的，我们也有自己的工作与生活。当你不想支持时，请用温和且坚定的口气表明自身状况：有事要忙、需处理工作、要先离开等。对方已经被太多人宠坏了，千万别再多你一个。

2. 给予钓竿

若你真想帮助他，请别埋头苦干、好人做到底。善用心理学的"鹰架理论"概念，给对方几个提示或范例，让他自己接手处理，不要帮公主、王子把事情都做完，而是让他们拥有属于自己的成功经验。如此，对方才能建立内在自信，学会靠自己而非万事都依赖别人。

自恋的公主、王子病患者，虽然让人想翻白眼，但尚无太强破坏力，只要谨记以上两个技巧，别让对方予取予求，用好口气让他知道你的难处，大多不会因为你的拒绝反目成仇（通常会选择去培育其他手下）。但若你已经跟对方闹翻，或是想直接硬碰硬，那就试试最后一招吧。

3. 视而不见

对需要掌声、享受众星拱月的公主或王子来说，起争议只会让他营造出"被欺负好可怜"的苦情形象，用来吸引更多人关心、照顾他。这些自我感觉良好的公主或王子，最怕的不是大家呛他们，而是不理他们！如果你已经豁出去，不回应、不理会、冷处理，可以更快地切割你们的关系。

咆哮狂：自以为大声就赢了

"你为什么听不懂？"

"你为什么没说清楚？"

"我就是觉得应该这么做！"

我们的文化素来以和为贵，但偶尔还是会遇到脾气很大的咆哮狂。他们情绪起伏快速剧烈，可能前一刻还好好的，下一刻就因为某件事情暴怒，而且直接用表情、声音甚至肢体动作展现他们的烦躁与不满。咆哮狂如同巨大风暴，难以预测且不易防范，当你感到气氛不对劲时，已经被卷入其中深受其害。

咆哮狂很可能来自两种背景：一是过去观察到照顾者或重要的人，习惯用强烈情绪来沟通，耳濡目染之下以为沟通就是要大声才有效；另一种可能是过去经验里，他们的"声音"总是被忽略，意见与需求不被当一回事，这让年幼的他们累积了许多自卑感，害怕自己不重要。自卑是人们极想逃避的，有些人选择讨好别人而成为骑士，有的人则操控别人成为公主或王子，若穿上厚重盔甲、张牙舞爪要对方遵照他的需求，就成为咆哮狂。

因应策略：咆哮狂让人觉得无法控制情绪，人们也容易被他们的激烈反应吓倒（那气势实在太强）。面对看似凶狠的咆哮狂，得善用同理能力化解攻势。当对方气呼呼吼着"你为什么没听清楚？还要我说几次"时，很有可能隐藏着担心，甚至害怕："你是否觉得我一点儿也不重要，所以不想听我说话？"

当我们面对强烈战意时，要么选择与之一战，要么干脆逃为上策，两种回应都可能激起他的自卑，用排山倒海的愤怒保护自己、攻击对方。但若你能试着去感受他暴躁之下的深层情绪，会发现他像是受了伤的野兽，谨慎遮掩伤口；也仿佛长年征战沙场、已忘了如何脱下盔甲的战士，在让所有人想保持距离的冰冷巨剑后，有着疲惫不堪的灵魂。

试着感受、猜测对方的情绪，并表达你的同理感受，是面对咆哮狂的最佳策略。同事因为你延迟了十分钟文件而生气，若你知道他是个完美主义者，就能合理猜测他愤怒下藏着焦虑，担心自己无法做到最好，导致迟交。你在道歉之余可以加上："我能感觉到你因为我迟交而生气，我猜你可能也会担心自己被影响，没能把案子做好？"

表达同理感受时，有四个重点：

1. **使用"我信息"**（I-Message）：也就是以"我觉得""我看到"等形式开头，而非"你怎样怎样"的句子，避免咆哮狂认为你在指责他，而用更强烈的火力来对抗。

2. **说出自己做的事情**：如范例中的"因为我迟交"，或是如"因为我刚才说了……"，让咆哮狂知道，你已意识到他为什么有情绪。

3. **用猜测语句表达**：不要斩钉截铁地说"你一定是很担心""你绝对是在焦虑"。因为我们没有读心术（是的，即使心理咨询师也没有），无法百分百确定对方的深层情绪，因此保留些弹性，别把话说得太满，才不会让对方有种"不要自以为很懂我"的感觉。除了通过"我猜"造句外，"好像、可能、也许、大概"号称咨询四宝，也可善加使用。

4. **使用中性或模糊词汇**：目的同样在避免过度猜测，且具有缓和对方情绪的效果。"我猜你可能也会担心自己被影响"这个例句中，若我们将"担心"换成"害怕"："我猜你可能也会害怕自己被影响"，就显得太重了。因为害怕情绪对于大部分人来说，过于强烈、负面。同样的道理，"没能把案子做好"若说成"没能把案子做到完美",也可能脑补过头,引发咆哮狂启动防卫系统。

总结来说,表达同理感受的基本句型为:

"我——(因为)做了什么——(引起)你的当下反应——(猜测)你的深层感受和想法。"

例如:"我发现我约了大家却漏掉了你,让你感觉不太舒服,我猜你可能也会困惑,我是不是故意的?"

又如:"我注意到刚才插话让你开始不耐烦,我猜可能是会给你一种不被尊重的感觉?"

若同理到位,就能稍微缓减咆哮狂的气焰——在乎的事情被看见了,不需再用强烈的声音与肢体动作来"提醒"周遭的人。情绪稳定下来,理性认知才能较好地发挥功效,好好讨论事情,思考解决之道。若咆哮狂仍然气呼呼怎么办?如果可能,先暂离现场来降温,但切记不要直接转身就走,而是告诉对方理由。例如:"我感觉你正在气头上,现在或许不是讨论时机,我们先休息一下,等会儿再谈好吗?"重点在表达"I will be back",让对方知道你不是想溜走或忽略他的感受,而是因为想好好处理才暂离。

以上六种,是我们在人际相处中容易遇到的棘手角色,刚开始会觉得互动很卡,甚至觉得踩到地雷而不舒服。偏偏有些关系无法轻易说断就断,不妨运用上述应对策略,将双方的攻防当成提升经验值的试练,同时也可提升自己的人际交往能力。如果对方一直想越过你的底线,该断开时还是得"温和且坚定"地划清界限、保护自己!

骑士哀歌

好奇，是所有关系的起点

"想交到好朋友，真的很困难耶！"

"我已经单身了二十几年，到底该怎么改变？"

"大家都说内涵很重要，但有没有哪个特质对脱单最有用？"

在某场爱情主题演讲，我开场时问了听众最想知道什么，得到了以上这些回复。这群听众大多单身，有人从没交过女友，有人屡战屡败，有的甚至是边缘人一族。大家共同的目标是，希望能尽快脱离失败的生活，在情场或人际关系上逆转胜。

"那你们觉得呢？"我反问。

"应该是有钱，所谓'车马炮定律'吗？""很霸气很Man，走那种总裁风格。""幽默啊，我有的朋友就靠一张嘴能说会道！""要好相处，大家才会喜欢你"……其他像是热心、积极、聪明、颜值高、身材好等，都有成员们回应。其实这个问题有千百种答案，从几百场演讲、工作坊，以及超过三千人次的咨询经验、咨询故事里，我找到一个最关键且最具吸引力（却也最常被忽略）的特质：好奇心。

对世界好奇：丰富你的生活

我见过不少人将所有精力投入某项专业或工作，放假宁可宅在家休息或继续钻研。学有专精绝非不好，怕的是你走到极端困在象牙塔中，对于窗外风景没有任何兴趣。这往往导致与人互动、约会时只能聊专业内容，要么气氛尴尬接不了对方话题，要么像在演讲滔滔不绝，对方却一知半解、满脸问号。我在这本书中，已不断重复生活经验、故事与聊天能力的紧密联结。生活经验越丰富，人际与爱情吸引中优势越大（当然，你得运用前几堂的表达技巧）。

而让我们增加生活故事的动力，就是对世界保持好奇心。这将让你愿意接触生活的其他面向：美食、旅游、时事、流行、体育、电影、科技、动漫、文学、音乐等。不需要（也不太可能）每一样都花时间去接触，但务必涉猎觉得有趣的几个领域充实自己。这些都将成为互动时的基本话题，毕竟总不能在约会时一直跟对方聊某个专业理论、公式或评论时事吧？

对世界好奇的另一个重要功能，是让你愿意"走出家门"，累积有趣、独特、亲身经历的故事，丰富生活。当你走出去接触这世界，会发现许多有趣的事物，因而对这世界更好奇，更想把握时间探索，形成正面循环。这些经历能帮助你的思考更有弹性、更开放，也将学习到"专业之外，但很重要"的生活技能。当你拥有更多"技能""历练"及众多"真实故事"可以分享后，才能让别人看到你的特质、个性与优势。请记住，**你不是在"追"对方，而是透过故事与背后的东西来"吸引"对方。**

对自己好奇：发展兴趣、挖掘优缺点

对世界好奇会丰富你的生活，对自己好奇则是探索自己拥有什么、喜欢什么。我们青少年时期几乎都以升学课业为重，走上社会后则从事各种复杂的工作，似乎总有做不完的事情，根本就没时间思考自己是怎样的人、喜欢什么、想做些什么，也少有机会练习为自己做选择、做决定。

对世界好奇是向外望，对自己好奇则是往内看，包括思考未来想走到哪里，打算完成什么理想、梦想，以及如何朝目标迈进，在此同时挖掘喜欢的事物，发展成长期投入的兴趣或专长，并让生活多元丰富。拥有目标与持续钻研的兴趣，会让对方看到你的生涯蓝图，知道你不是汲汲营营或瞎忙，描绘自己未来计划时的认真神情，更是极具魅力。所谓"上进心"不是单指"钱途"，而是未来潜力！

对自己好奇，还包含弄清楚自己的优劣势，改善不足之处，进一步运用已有的优点发展出更多优势。

对别人好奇：升级聊天互动能力

即使有再多经历、优点及未来蓝图，还是要通过语言来包装、传递，也就是书中强调的"说故事"能力。聊天能力怎么来？如同前面提到，并非全然天生注定，而是来自后天的学习、练习。对别人有好奇心，愿意与人互动才能累积经验。刚开始互动，你未必很会闲扯瞎聊，也不用油腔滑调耍嘴皮子，只要在别人聊他自己时，因为好奇而多听、多问，并愿意分享自己。不管对方是男是女，是你的菜或只是一般朋友，都要抱持着好奇心与人互动。用好奇取代好感，将每次聊天当成练习及更进一步认识对方的机会；没有失败只有回馈，对方的回应能帮助你调整得更好。所有互动技巧，包括故事建立、精练升级、非语言表达、卖关子、发问、聆听、肯定赞美、安慰、幽默等，都需要靠大量累积经验并不断调整改进，才能驾轻就熟。如果对别人没有好奇心，便阻断了所有来往，读再多书籍或文章，效果毕竟有限，不但沦为纸上谈兵，也浪费了你拥有的经历与优势。所以，先从对别人有好奇心，并练习与人聊天开始吧！

以上三种"好奇心"，是脱离母胎单身或边缘人最重要的特质，它不会让你直接吸引对方，但会激发许多正面特质，让你越来越成熟、成长，如滚雪球般带来更多魅力！

好奇心也是"自信"的催化剂。自信说穿了就是在互动中展现你对工作、生活及个人的热情，多数人都不是高富帅、含金汤匙出身，或许现阶段你的生活水平只是一般，但如果你能找寻并设定目标，规划如何有效率地提升自己，就能逐步累积自信与热情。这一切的出发点，便来自你想尝试不同事物的好奇心。

结语
越聊越动心

恭喜你,一路走到这里。回头看看,你吸收了哪些东西呢?

想建立的良好关系,先从改变传统观念开始:婴儿时期,人们为了提升存活率需要关系;随着年龄渐长,不只是出于生理、利益、繁衍之类的理由,而是找寻提供支持与陪伴的战友。在这忙碌、混乱的世界里,我们希望有个避风港,于是试着接触他人、认识朋友,甚至拥有伴侣。要拉近关系,倚靠的是互动能力,且如同所有其他技能,需要学习与练习。

互动的根本是聊天,聊天的本质是分享故事,而非给予对方一堆个人背景资料。为了避免聊天无话可说,你需要先建立话题数据库,包括流行时事、朋友经历,但最重要的是来自亲身经历的个人故事。走出家门、扩展生活是最重要的一步,并可通过观察力的培养,搜集到越来越多的素材。接着是精练故事的时候,找寻亮点并描绘感官元素,让你的各种经验拥有丰富、可引发对方兴趣的内容。分享时可以运用语调变化、表情与手势辅助,打开肢体来营造轻松自在的气氛。聊天初期的目的在于建立较多的共通性，从相似故事、习惯中增加熟悉感，分享个人心情、心得，更能拉近双方距离。

然而，别忘了聊天并非演讲，而是互动。你拥有三样武器：除了分享故事还能发问、聆听。封闭式（判断与选择题）、简答式（填空题）、开放式（论述题）发问没有绝对好坏，各有效果及优点，交互运用能制造最多的互动机会。设计好问题，融入故事成为QSQ组合，能降低冷场的概率且利于延伸对话。当对方"入坑"开始分享他的故事时，正是我们运用聆听，来持续制造好感的时候。除了别急着插话、焦虑下一步该如何应对之外，最重要的是借助眼神对焦、身体前倾、表情跟随等非语言信息来展现你的专注，**重复对方话语、模仿字词及简短回应，能让对方觉得"这个人懂我"，并持续与你推进关系。**

聆听的同时，记得抽取对方话语中的元素：背景与信息是基本接话题材，对方情绪较为强烈之处也适合进一步询问。当然，若你对某片段或关键词有兴趣，就从这里切入吧！不论接话或提问，都是延伸话题的利器，关键因素是思考习惯：聚焦或发散。前者是多数人从小被训练的模式，目的在归纳推理、经由固定流程找出正确答案；后者则是发挥创意，以更具弹性的联想力打破框架，进行反应。试着在生活中多练习发散思考，别急着找寻标准解答。

　　与人互动的过程，不能直线冲到底，也不能呆站原地不前进。友好指标是用来评估关系进展、思考下一步的关键：对方的眼神是否聚焦在你身上？表情是否轻松甚至常带微笑？肢体是否逐渐靠近？对方聊天时是否会提及家人、负面经验或过去恋情？或是否常分享情绪、感受、想法、价值观等元素呢？当你搜集到越来越多的友好指标，就可以尝试往前一步，如肢体的接近与接触、分享更多心情与心得，甚至提到负面经验来制造"出丑效应"、共享秘密。且通过随时观察对方反应，看他是否持续出现友好指标，来调整自己的进退。

　　当你拥有基本互动能力后，聊天时可挖掘对方的优点，并运用初层次"肯定"来表达认同，以及高层次"赞美"展现敬佩。在真诚一致的心态下，不但能让对方更喜欢你，也越来越乐于与你互动。朋友或约会对象难得吐苦水时，只要不是被当成"情绪垃圾桶"，就别急着转移话题或搞笑敷衍过去，也许你以为这是为了让对方开心，但反而会被视为一种拒绝。诉苦情境，正是你能否被列入"依恋对象"清单的重要指针，避免说出"别想太多"之类的无用句子，而应运用"聆听—安慰—建议"三步骤模式，加上肯定赞美辅助，让对方情绪被接住，并看见你的支持，且能实际处理问题。

互动中效果最好，也最需要经验累积的，则是幽默。从分享有趣故事开始，运用停顿与问题制造悬疑气氛，别一直讲个不停，卖关子能让互动更有趣。但请留意，幽默并不是抓着对方的弱点或丢脸的事来取笑，而是运用夸张自捧、创造意外、刻意打闹，以及轻松自嘲来展现。要培养幽默感，增广见闻、多听多看多观察是基本功，与幽默息息相关的"创意"并非无中生有，需奠基于丰厚的先备知识。接着，让自己在互动时放下焦虑，设定合理目标，别急着期待对方刚认识就喜欢你，如此才能在互动中轻松回应，制造更多幽默氛围。最后，训练自己的发散思考与联想力，不但是延伸话题的关键，也是幽默感的核心要件。

实际上，实践中与人聊天交流前，别忘了剔除"金玉其外，必定败絮其内"这种陈腐观念。建立合宜的外在形象，能让对方在初次见面、约会就对你有好印象。此外，事先准备人际履历，包括社交中容易出现的问题、不同版本的自我介绍；内容除了信息，更重要的是以故事为主角。接着，了解焦虑的本质与成因后，生活中多把握练习聊天的机会，提醒自己别把聊天当成面试。不论是与新朋友接触，还是和好感对象约会，在关系初期我们该做的没有想象中那么复杂，不过是分享有趣的生命经验，并通过邀请（挖坑）也让对方分享而已。

生活中难免会遇到一些令人头痛的角色：一股脑儿付出的骑

士、事事要辩的贤者、只重利益的商人、花样很多的间谍、善于讨好的公主或王子、容易暴怒的咆哮狂。若身边有这样的朋友、同事，除了运用第五堂课的技巧因应，不妨视为一次修炼机会。当然，也要留意自己是否也成为别人眼中令人头痛的人，无意中破坏了关系。

本书进入尾声，你的旅程才正要开始。"好奇心"是我送给你的最后礼物：对世界好奇，拓展生活范围、丰富生命故事，将拥有聊天话题及更多特质可展现；对自己好奇，厘清优势及盲点，并规划时间与生涯目标，会累积更多自信；对别人好奇，尝试聆听对方的生命故事、生活点滴，将让你越来越喜欢与人聊天，且通过经验增强互动能力。

人与人之间的交流非常有趣，我们借此增广见闻、拥有更宽广的视野，并从中找到能给予支持、照顾的避风港，甚至是长久相伴的交往对象。带着从书中学到的知识，勇敢踏上新旅程吧！祝福你——春风得意！